中外名人传记

影响孩子一生的中外名人传记

第四辑

拿破仑

ZHONGWAI MINGREN ZHUANJI DISI JI NAPOLUN

《中外名人传记》编委会　编著

全国百佳图书出版单位
时代出版传媒股份有限公司
黄山书社

图书在版编目(CIP)数据

拿破仑 /《中外名人传记》编委会编著. —合肥：黄山书社，2021.5

(中外名人传记. 第四辑)

ISBN 978-7-5461-8320-6

Ⅰ.①拿… Ⅱ.①中… Ⅲ.①拿破仑(Napoleon, Bonaparte 1769-1821)-传记 Ⅳ.①K835.655.2

中国版本图书馆 CIP 数据核字(2021)第 066178 号

中外名人传记(第四辑)·拿破仑 《中外名人传记》编委会 编著

出 品 人	贾兴权
责任编辑	秦矿玲
责任印制	李晓明 李 磊
装帧设计	钱志刚
出版发行	时代出版传媒股份有限公司(http://www.press-mart.com) 黄山书社(http://www.hspress.cn)
地址邮编	安徽省合肥市蜀山区翡翠路 1118 号出版传媒广场 7 层 230071
印 刷	合肥华云印务有限责任公司
版 次	2021 年 5 月第 1 版
印 次	2021 年 5 月第 1 次印刷
开 本	880mm × 1230mm 1/32
字 数	110 千字
印 张	5.5
书 号	ISBN 978-7-5461-8320-6
定 价	12.80 元

服务热线 0551-63533706

销售热线 0551-63533761

官方直营书店(https://hsss.tmall.com)

前　言

名人，顾名思义，就是著名人物，他们在某一个或几个领域中做出了普通人不能做出的伟大业绩。他们都有着辉煌的成就，是成功的典范。名人取得成功的过程并不是一帆风顺的，例如大家熟悉的玄奘、华罗庚、居里夫人、爱迪生……他们克服了常人难以想象的困难，凭借义无反顾的品质和百折不挠的精神，历尽艰辛，才最终到达成功的彼岸。

青少年是早晨八九点钟的太阳，是含苞待放的花朵。在青少年成长的过程中，有着无数的可能性。汉代刘向说："书犹药也，善读之可以医愚。"高尔基也说过："书籍是人类进步的阶梯。"每读一本好书，都会对青少年产生深远的影响。每一位名人都是一座丰碑，是精神的引领者和行为的楷模。青少年通过阅读名人传记，可以在潜移默化中学习名人的精神，培养优秀的品质，为他们的健康成长提供强大的精神力量，让他们终身受益。

本套丛书分为4辑，收录了古今中外28位名人的人生故事。为了适合青少年阅读，本套丛书用简洁生动的语言，通过一个个活泼有趣的小故事，把这些名人的一生呈现了出来，具有很强的可读性。希望本套丛书能够给青少年以无尽的启发，成为陪伴他们健康成长的良师益友。

编委会

2021年4月

目 录

第一章 初生牛犊

科西嘉岛新生儿 …… 002
展露指挥才能 …… 005
在法国求学 …… 009
实战中成长 …… 014
首战告捷 …… 021
大炮的威力 …… 029
与约瑟芬结婚 …… 036

第二章 法国的主宰

意大利大捷 …… 042
青云直上 …… 050

转战埃及 …… 057
冒险夺权 …… 068
加冕为帝 …… 076

第三章 驰骋欧洲

挥军东进 …… 082
三皇大会战 …… 086
击败普鲁士 …… 094
越战越勇 …… 102
人民的反抗 …… 109
称霸欧洲 …… 121

第四章 危机袭来

另立皇后 …… 138
征俄惨败 …… 145
民族会战 …… 149
兵败滑铁卢 …… 155
晚景凄凉 …… 167

第一章

初生牛犊

科西嘉岛新生儿

展露指挥才能

在法国求学

实战中成长

首战告捷

大炮的威力

与约瑟芬结婚

科西嘉岛新生儿

科西嘉岛从地图上看，有点像鸡蛋，它是地中海海域的第四大名岛。科西嘉岛面积不大，可是地理位置却非常重要，历来是兵家必争之地。

在拿破仑出生之前，科西嘉岛一直被热那亚人控制着。科西嘉人对于被他人控制肯定不乐意，于是在自己的领袖帕斯夸莱·保利的领导下，赶走了热那亚人，成立了科西嘉独立政府。可是，令他们想不到的是，热那亚人居然把科西嘉岛卖给了法国。从此，科西嘉岛成为法国的第一大岛。

科西嘉岛上的人在受到侮辱时会当场复仇，动辄兵戎相见，宗族间的仇杀绵延不断。所以这里的人都希望多生孩子，以确保家族永远后继有人。在他们眼中，孩子意味着荣誉。

美丽少妇莱蒂齐娅和她的青年军官丈夫原本生活在意大利，后来搬到了这个多山的海岛。他们在 4 年前已经拥有了一个孩子。1769 年，他们将迎来第二个孩子。

8 月 15 日，面部有些浮肿的莱蒂齐娅在表姐的陪同下去教堂做弥撒。她已经怀孕 9 个多月了，随时都有可能分娩。但是，没想到孩子的到来会这么突然。她正在做弥撒时，突然感觉到腹部一阵阵剧痛袭来。她顿时意识到，她就要生了，于是赶紧让表姐扶她回家，好在教堂离家不是很远。

回到家后，女仆立刻给莱蒂齐娅接生。孩子的父亲——青年军官夏尔·波拿巴则守在妻子的身旁，给她擦着额头上的汗珠，并鼓励她："亲爱的，振作些，我就在你身边。"

过了好一会儿，只听见“哇”的一声响亮的啼哭声，一个男孩降生了。夏尔爱怜地抱起他，只见小家伙额头饱满，四肢粗壮，是一个健康强壮的孩子。

夏尔把儿子抱到妻子身边，莱蒂齐娅不由自主地微笑起来，说道：“真好，这个孩子长得可真不一般，真希望他能给我们带来好运！”这个新生婴儿被他的妈妈称为“拿破里奥尼”，直到很多年后，他才改名为“拿破仑”。

这是一个特殊的日子，但当时人们不会觉得与平时有什么不同。但当拿破仑驰骋欧洲时，人们就不得不提起这一天——一代帝王降生的日子。

这位了不起的人物出生在什么样的家庭呢？

父亲夏尔·波拿巴是个没落贵族的后代，曾经参加过科西嘉保卫战。科西嘉岛被卖给法国后，法国的统治阶级给他开出了较为优厚的条件，于是他承认了法国人的统治，并加入了法国籍。

母亲莱蒂齐娅，出身军人世家，是一位勤俭的女性。她生了不少孩子，但活下来的只有 8 个，拿破仑排行第二。拿破仑还有 1 个哥哥、3 个弟弟和 3 个妹妹。

对于夏尔的收入来说，要把 8 个孩子养大，可不是一件容易的事。拿破仑就在这样一个经常为钱犯愁的家庭中生活着。

展露指挥才能

夏尔家的所有孩子当中，拿破仑无疑是最与众不同的一个。他特别热衷于玩打仗的游戏，并喜欢欺负他的哥哥约瑟夫。

尽管拿破仑的个头并不高，却常常凭着一身蛮力，狠狠地欺负哥哥约瑟夫。约瑟夫打不赢，就想去告状。谁知拿破仑反倒先跑到妈妈那里来个“恶人先告状”。

拿破仑后来回忆道：“我什么都不在乎，我特别喜欢争吵、打架……最倒霉的是我的哥哥约瑟夫。我打他、咬他，他还因此挨骂。因为当他惊悸未定的时候，我就跑去向母亲告状了。我这样耍花招，也的确占了便宜，不然，母亲会因为我打架而惩罚我。我母亲对待孩子特别严厉，任何时候都不会容忍我去侵犯别人！”

正是莱蒂齐娅的严格教育，才培养出了拿破仑这样一位旷世奇才。拿破仑长大后对此非常感激，在称帝后曾说过：“我的母亲虽为女性，看似柔弱，但心胸和头脑绝不亚于男人。我之所以有今日，全赖母亲的大力栽培。”

在打架方面，约瑟夫没有天赋，于是想在其他方面赢过拿破仑。

一天，约瑟夫拿着一个本子拦住拿破仑，问道：“你会解这道数学题吗?”

“这有什么难的!”拿破仑自信满满地说。可是，一分钟过去了，两分钟过去了，拿破仑急得额头渗出了汗珠，却始终解不开这道题。

约瑟夫得意地说：“哈哈，你就是个莽夫，除了打架什么都不会!”

拿破仑握紧小拳头愤恨地说：“你等着，总有一天我会让你改变这种错误的想法的!”

从那以后，拿破仑经常一个人来到一个岩洞里，忘我地做着数学题，一待就是好几个小时，把伙伴们都忘到了九霄云外。现在，拿破仑的故乡依旧可以看到这个岩洞。

拿破仑这段时间虽然沉迷于数学运算，但小朋友们玩打仗游戏的时候，他还是很乐意参与的，而且在游戏中充分显示出他的“军事指挥”才能。

他经常把参加游戏的孩子分成两队，一队实力稍强，一队实力稍弱。拿破仑总是选择当弱队的队长，也许他觉得这样更能突显自己的实力。游戏一开始，他就指挥上了：“你们，去沙滩那边挖战壕。”“你们，去准备充足的弹药。”“你们，埋伏在那边的岩石下。”等到自己作战准备做好，战斗的号角吹响了，他就挥舞着双臂，叫一声“冲啊，战士们”，就一马当先冲了出去。由于作战勇猛，指挥得当，拿破仑率领的那支队伍常常打胜仗。

当然，在漫长的童年生活中，他们不仅玩打仗游戏，而且经历过“真实的战斗”。

由于科西嘉岛是被法国购买的，所以法国本土的人就觉得自己高人一等，常常欺负科西嘉人。这种歧视不仅存在于成人之间，而且存在于儿童之间。拿破仑的一个朋友就因为这个原因被法国孩子欺负得没有还手之力。

这天，拿破仑正和几个科西嘉孩子在一起玩耍，忽然看见几个稍大一点的法国孩子正追着他的一个朋友朝这边跑来。

几个伙伴一见，转身就想逃走。这时，拿破仑从容地叫住了他们：“你们都不要乱跑，快躲进芦苇丛里。”伙伴们平时都习惯受他指挥，现在也毫不犹豫地听从了他的意见，迅速躲到芦苇丛里。

“你们快拿好木棍，等会儿他们过来了，就一边拿木棍用力拨动芦苇丛，一边大喊大叫，这样他们就会以为我们有很多人，就会吓得不敢找我们麻烦了。”

等那个被法国孩子追赶的科西嘉孩子跑到他们附近时，拿破仑立即下令执行“作战计划”，伙伴们都照他说的做。果然，那群法国孩子以为对方人多势众，吓得掉头就跑。伙伴们都对他竖起了大拇指。

谁知，那群法国孩子发现上当后，又一次来挑衅。拿破仑又充分施展他的军事才能，带着伙伴们把法国孩子打跑了。

久而久之，孩子们都把拿破仑当成了首领，争先恐后地当他的部下。许多年后，拿破仑自己也说："我成为元帅的历史，要从孩提时代讲起。"

在法国求学

时间过得很快，一转眼拿破仑快10岁了。由于孩子太多，父亲夏尔感到肩上的担子太重了。

有一天，夏尔想到了一个好办法。他带着两个儿子坐船来到法国。在某个重要人物的推荐下，法国确认了夏尔的贵族地位，路易国王还赐予这位效忠法国已达10年的军官2000法郎，并让他的两个儿子免费就读贵族学校。

于是通过入学考试后，约瑟夫和拿破仑双双进入了奥顿的伊索教会学校学习。

拿破仑一直生活在科西嘉岛，所以不太会说法语。不过这难不倒他，他会用他那永不服输的性格战胜困难。经过刻苦学习，他掌握了足够多的法语知识，尽管他讲起话来还是难免带有科西嘉口音。

夏尔夫妇很了解自己的两个儿子。他们想让聪明、胆小的约瑟夫读文科，将来可以担任神职；让勇敢又有智谋的拿破仑进军事学校，将来当军官。幸运的是，他们的愿望后来都变成了现实。

3个月后，拿破仑转入了布里埃纳军事学校学习。

布里埃纳军事学校是法国一家皇家军校，只有贵族子弟才有资格在这里接受预备教育，以便以后成为军官。学校一般只招收100名学员，其中一半是自费生，另一半是公费生。

所谓的自费生，就是那些有权有势又有钱的家族的子弟，他们不需要参加任何考试，直接缴费就可以进入学校学习。

而所谓的公费生，就是虽然有着贵族的头衔，但是家中并不是那么富有的孩子。他们想要进入学校学习，就必须通过考试，才能获得法国王室为他们提供的伙食费和学费。拿破仑就是通过考试，作为一名公费生进入布里埃纳军事学校的。

1779年5月13日，拿破仑迈着两条细腿走进了布里埃纳军事学校。只见学校周围筑起了高高的围墙，里面除了一排排的椴树，只有几座寒碜的石头房子，屋顶上爬满了深绿色的苔藓。

这所军事学校不仅有着异常严厉的纪律、相当严肃的学习气氛，还有着老同学欺负新同学的“习俗”。

在同学眼中，拿破仑矮小、腼腆，喜欢独来独往。他们认为这个意大利人犹如半个野人，至少是个奇特的外国人。同学们时不时嘲笑拿破仑的外套太长，身上总是没有零花钱，什么都买不起。

他们欺负拿破仑，就连他的名字也不放过："哈哈哈哈，怎么会有人叫这个名字啊，多么古怪！"

越来越多的同学都来欺负他，拿破仑变得越发孤独和傲慢，但这也锻炼了他克服困难、坚持下去的毅力。

在拿破仑的眼中，这些欺负他的同学只是一些"高贵的小丑"，没有什么可怕的。于是，当这些"小丑"再来找他麻烦的时候，他就毫不犹豫地挥出自己的拳头。打了几架之后，那些贵族子弟发现这个小个子并不好惹。

拿破仑为了不去想这些让人烦躁的事情，就拼命学习，他尤其擅长数学、历史和地理。他十分关注科西嘉的历史，经常让家人寄些关于家乡的书籍和研究报告给他。哥哥约瑟夫回忆道："拿破仑和我分享他的读物。他读的书籍总是和历史有关，虽然我读的书不如他的专业性强，但我还是在信中告诉他我读的书籍。"

通过自己的努力，性格坚强的拿破仑终于赢得了几位教师的称赞，也消除了同学们对他的敌意。他同他们建立起某种友谊，当然也谈不上是多么亲密的关系。

在布里埃纳军事学校，拿破仑已展现出果决勇敢的个性和善于指挥的才华。

1783 年的冬天，大雪纷飞，厚厚的白雪覆盖了整个校园。无聊之际，14 岁的拿破仑想出了一个新花样：用雪建立堡垒，挖掘壕沟，垒起胸墙。

当工程完成后，他对同学们说："我们可以分成两队，演习一种攻防战，这种新游戏是我发明的，所以由我来指挥进攻。"同学们高兴地接受了他的提议。大家用雪球当武器，战斗进行得异常激烈。拿破仑站在高高的雪堡上，俯视下方，挥手指挥进退，宛如一位主帅在指挥千军万马。

尽管这只是场游戏，但教师们心中却升起了异样的感慨："这个孩子具有非凡的军人素质，将来绝不可轻视！"

不久后，一名军官来布里埃纳军事学校视察，一眼看中了拿破仑。这名军官在报告中将拿破仑的情况汇报给了上级："拿破仑健康状况甚佳，服从命令，诚实可靠，知道感恩，也很守规矩。一直以勤于研习数学而表现突出。史地知识尚可，才艺方面很弱。我相信他会成为一名优秀士兵，值得送到巴黎皇家军官学校学习。"

这份报告让拿破仑结束了 5 年的布里埃纳军校生活，被保送到了巴黎皇家军官学校。

巴黎皇家军官学校学习的科目更加丰富，学习的强度也更大。成长在逆境中的拿破仑，很早就知道了要发愤图强的道理。面对任何困难，他都一如既往地带着极大的兴趣去学习。

学校开设的所有课程中，他最喜欢的是数学、防御工事构筑以及炮术。

炮术主考官路易·蒙日评论他说："该生沉默寡言、勤奋好学，学习是他心甘情愿的唯一乐趣……他对于抽象的科学能够自如地加以运用，其数学和地理知识扎实……在班级他积极地回答问题，在其他场合则具有巧妙快捷的应答才能。他最突出的特点是傲慢自大、雄心勃勃和抱负不凡。这个年轻人值得我们关注和帮助。”

拿破仑在巴黎皇家军官学校学习快 5 个月时，接到了一个噩耗——父亲夏尔·波拿巴患胃癌去世了。

父亲去世后家里陡然失去了重要的经济来源，拿破仑敏锐地意识到自己必须担当起保护家庭的重任——他每年只有 1000 多里弗的皇家补助，却把其中的大部分寄给了母亲，以补贴家用。

此后，拿破仑更加勤奋了。军官学校的学生一般需要两到三年才能考取军官资格，拿破仑却硬生生地把这个时间缩短到了一年。16 岁时，拿破仑顺利地通过了毕业考试，并被授予炮兵少尉军衔。

拿破仑回忆那时的感触，说：“我一生中最骄傲的那一刻，是被授予少尉军衔的时候，因为今天的辉煌正是在那一刻点燃的，我生命的航船就在那时驶入了腾达的航线。”

实战中成长

这个矮小的少尉穿上新军服之后，就奉命前往法国南方瓦朗斯城的一个炮兵团服役，他的军事生涯就此展开了。

拿破仑服役的这个兵团纪律涣散，风气不正，这些都令拿破仑非常失望。于是在随团开赴奥松城后，他便把整颗心都放在了自己的专业上。

他不断地阅读，特别是军事、政治和历史方面的书籍。他因为要补贴家用，生活一直比较拮据，所以一般都是在书店里租书看，偶尔省下一点钱买本新书。

拿破仑阅读的时候不是一目十行地匆匆浏览，而是进行深入研读，还记了大量阅读笔记。这些文卷至今仍保存完好。据他回忆，那时他每天通常要工作、学习十五六个小时。

同时，他自己也开始动笔，在几年内写了十几篇文章和提纲，内容涉及大炮的架设、王权和人类的不平等，其中最主要的是科西嘉。他希望科西嘉能够挣脱法国的枷锁，就像以前挣脱热那亚的枷锁一样。

1789年5月，国王路易十六把教士、贵族和市民的代表召集起来，开了一个三级会议。会议的主题就是如何解决法国现阶段的财政危机。召开会议在国王眼中只不过是走过场，实际上，他早有计划，打算向广大民众征收新税。市民代表对此强烈不满，于是他们反过来要求限制王权，实行改革。

国王和市民们的矛盾愈演愈烈。6月，市民代表成立了属于自己这个阶级的国民议会。国王当然不允许他人侵犯自己的利益，于是准备用武力解散国民议会。冲突爆发了，只不过这次国王输了。巴黎人民于7月14日起义，攻占了象征封建统治的巴士底狱，法国大革命爆发了。国王被迫让步，政权转移到制宪会议手中。

法国上层人士人人自危，下层人士有的对未知的未来感到害怕，有的则敏锐地在危机中寻找机会，比如拿破仑。他暗暗高兴，自言自语道："科西嘉的时代到来了！"

拿破仑从小就很仰慕科西嘉的本土英雄保利，想着回去以后能与保利一起并肩作战。甚至，他还写信给保利，希望保利能够给他以鼓励："现在，我要用刷子蘸上耻辱的墨水，把所有出卖我们共同事业的叛徒涂得漆黑……公开谴责当权者，揭露所有的丑事……您曾看着我来到这个世界，如果您愿意在这件事上给我鼓励，我会信心百倍……"

保利也许是太忙了，也许是其他一些原因，没有给拿破仑回信。拿破仑决定不对回信抱有希望，他要靠自己来改变命运。于是，他申请了长达半年的假期回到家乡科西嘉，希望借法国大革命的浪潮，让法国以平等者的身份重新接纳科西嘉。

然而，现在的保利变了——他之前被迫流亡到英国，现在从英国归来，因此在情感上更偏向于英国，所以他抵制法国大革命，希望科西嘉能够从法国独立出来，然后投靠英国。保利的决定注定会让拿破仑和他分道扬镳。

拿破仑在回部队之前，说服阿雅克修的雅各宾俱乐部给该市驻国民议会的一个小代表写了一封抱怨保利的信。这件事使保利异常生气，也让他和拿破仑的关系开始变得紧张起来。

雅各宾俱乐部是法国当时唯一的全国性组织，拥有数千地方组织，后来与极端平均主义和暴力行动密不可分。雅各宾派的成员中以小业主最多，也包括许多富有的资产阶级。推翻君主制后，雅各宾俱乐部成为领导大革命的主要团体之一。

1791 年 2 月，拿破仑销假返回奥松团部。这一次，他把自己 12 岁的小弟弟路易带在了身边。

拿破仑和路易总共只有 85 法郎。这点钱既要供两人吃穿，又要供路易上学，他们的日子过得捉襟见肘，有时候他们一餐只能吃上一块面包。由于贫困，拿破仑总是自己做饭，自己洗衣服。

拿破仑很重视路易的学习，看到路易有进步，就非常高兴。

他甚至期望路易能像他一样，当一名军官。他骄傲地写信给约瑟夫：“路易会成为德才兼备之人……他说着一口流利的法语，口音地道而且轻巧。他进入社交场合，受到宠爱和欢迎，日常生活也一本正经，表现出一种 30 岁人的尊严。我早就看出，他比我们都有出息。的确，我们之中没有一个人像他这样有好的教养。”

随着时间的流逝，法国革命在各地不断取得胜利，使得拿破仑对革命的热情更加高涨。

1791 年 9 月，拿破仑再次返回科西嘉，当上国民自卫军的副营长。与此同时，保利却宣布要让科西嘉正式脱离法国。

拿破仑接受不了这样的结果，一怒之下命人开枪打死了保利的手下。这下拿破仑犯了众怒，他在科西嘉待不下去了，只得返回巴黎。

法国的革命让国外的封建统治势力也感到了害怕。于是，奥地利皇帝和普鲁士国王向法国革命政府宣战。法国的一些贵族势力看见有人给自己撑腰，便纷纷联合外人来打击本国的革命者。

由于要打仗了，军官变得非常紧俏，借着这个“东风”，拿破仑获得了破格提拔，当上了上尉。

本国贵族联手外人攻打自己的国家，这让巴黎的人民非常愤怒。1792 年 6 月，愤怒的群众拿着斧子、铁叉等，怒气冲冲地闯进塞纳河畔的杜伊勒里宫。他们打破王宫的大门，闯了进去，并抓住了国王路易十六。

路易十六非常顺从地忍受了闯进王宫的民众一个下午的谩骂和凌辱，临到最后，他被戴上一顶红色的尖帽，并被押着面朝王宫的窗口，向广大巴黎人民低头认罪。

拿破仑对路易十六这种懦弱的行为非常鄙视，他回忆道："他真是一个懦夫！他怎么能够放纵这群乱民！应该用大炮将这群乱民轰倒几百个，其余的必然会逃跑。我听见有人说路易戴上了红帽子，就知道他的王位算是完了。"

8月，巴黎人民再一次攻进了杜伊勒里宫，成千上万杀气腾腾的巴黎人在皇宫里厮杀。

这次暴乱恰巧被拿破仑看见了。他感到非常震惊，同时又无可奈何。后来他回忆道："当时王宫已经被占领了，但国王还待在宫中。我冒险闯进王宫的花园里，看到了被打死的卫队士兵。那时我突然产生了一种离死神很近的念头，后来在任何一个战场上我都不曾有过这种念头。或许是地方太小了，尸体显得格外多，也或许是我第一次经历这种事情。"

1792年10月，拿破仑再次回到科西嘉岛。虽说拿破仑与保利过去多有矛盾，但他还是重新担任了科西嘉国民自卫军的中校职务，并在保利的命令下，当上了中将。

这时，法国革命军已击退奥军和普军，并开始了反攻。在南方，法军计划以科西嘉为基地，占领撒丁王国的马达莱纳群岛，作为打入撒丁王国的跳板。

拿破仑奉命参加了马达莱纳群岛的战役。1793 年 2 月，拿破仑率领一支科西嘉小舰队出海，轻而易举地攻下了马达莱纳群岛附近的小岛圣斯特法诺。拿破仑正要继续进攻的时候，法国远征军的指挥官却害怕了，命令他停止进攻，并且登船返回科西嘉。这种临阵退缩的行径激怒了拿破仑，他气得把大炮扔进了大海，这才跟着大部队返回了科西嘉。拿破仑生平第一次真正的作战就这样草草结束了。

这时的科西嘉政局非常混乱。保利一派想趁机正式让科西嘉脱离法国的统治，并投靠英国。当然，不是所有的人都同意这个计划，拿破仑的弟弟吕西安就强烈反对。

吕西安是个激进的亲法分子。当年轻气盛的他得知保利的计划后，跑到土伦俱乐部告发了保利企图把科西嘉出卖给英国，还指责他是暴君。于是，法国当局下了一道可怕的命令：逮捕保利。

吕西安这一举动激怒了保利的追随者，他们怒火中烧，拿着武器，杀气腾腾地冲进拿破仑家，大肆抢劫。若不是早早躲开，拿破仑兄弟估计会被活活打死。

危急时刻，拿破仑试图缓和对方激动的情绪，但是毫无用处。保利下达了对拿破仑的逮捕令。故乡对拿破仑来说已经不再是安全之地，他劝说家人赶快逃走。谁知，坚强的母亲却说：“我不会妥协的，我要手拿着枪，保卫自己的家！”可是她的娘家也催着她赶紧逃跑，她只好同孩子们一起逃往米莱利。

看他们逃走了，保利一派通过议事大会，声明波拿巴一家为卑鄙无耻之徒，宣布把他们永远驱逐出境。

走投无路的拿破仑只好带着全家在一天夜里逃到了法国的土伦。很快，科西嘉岛从法国分离出去，而归英国保护。拿破仑这时才真正选定了法国作为自己的祖国。

首战告捷

拿破仑一家逃往法国土伦后，一直过着窘迫的生活，领救济粮、挤小房子对他们来说都是很平常的事。

拿破仑与保利决裂后，向来自巴黎的当权者表明，他是一个多么坚定的革命者。果然，他重新获得了信任，回到炮兵团，给团长当副手。

尽管拿破仑的处境很惨，但有人比他更惨，那就是法国国王路易十六。1793 年 1 月 21 日，作为国王的他在巴黎革命广场被革命派推上了断头台。

这下可彻底触动了英国、普鲁士、奥地利、荷兰、西班牙、撒丁、那不勒斯等仇视法国革命的封建君主的神经，他们组织了反法联盟，武装进攻法国。

此时法国国内主要有两股势力：支持王室的保王党分子和以雅各宾派为首的革命政权。这两派势如水火，非要争个你死我活。当保王党分子得知有国外势力介入，连忙勾结反法联盟，企图重新控制法国。

由于保王党分子引狼入室，盟军很快攻占了法国的一些港口和城市。7 月，保王党分子把拥有 30 余艘船只的法国地中海舰队拱手交给了英国和西班牙舰队，并带领他们不费一枪一弹，占领了土伦这个重要的港口城市。

英国舰队的实力非常强，尤其是攻占土伦的这支舰队，是由海军上将塞缪尔·霍德指挥的。他曾经击败过法国舰队，算是法国海军的克星。但是这一次，霍德想“不战而屈人之兵”。他在土伦的各个关键位置布置了火力强大的大炮，希望能以此威慑法国雅各宾派，迫使他们倒台。

而雅各宾派决不允许自己刚夺取的政权昙花一现。他们发布了全国动员令，号召大家一起来抵御侵略者。由于法国人民积极响应，没过多久便有两支军队开赴土伦前线，一场著名的围攻战开始了。

1793 年 9 月，卡尔托被法国国民公会任命为主将，前往土伦平定叛乱。在土伦城前，法国人摩拳擦掌，准备赶走英国人。但总指挥官只有革命热情，却无多大军事才干。战争进行得很惨烈，法军付出巨大的代价才基本上完成了从陆地对土伦的包围。

但是，法军的炮兵指挥官多马尔坦在战斗中突然负伤了。炮兵是陆战中强大的火力支柱，在攻城战中是一股不可或缺的力量。因此，需要找到一个合适的人来代替多马尔坦少校。

就在这时，拿破仑出现了。本来，他是奉命前往一个海防部队的，刚好路过革命军部队驻地马赛。在马赛停留期间，一位上司问拿破仑愿不愿意临时调到土伦的炮兵团接替受伤的指挥官。只有六七门野炮的炮兵团却要面对拥有数百门大炮的英军，力量悬殊，如果是其他军官肯定会拒绝，可是拿破仑却将它视为一次难得的机遇。

9月中旬，拿破仑到达土伦前线。卡尔托接待了他，傲慢地说："其实你在这儿帮不上什么忙，不过欢迎你来分享我的荣誉。"拿破仑并没有理会卡尔托的这些言语，一上任，就立即忙碌起来：仔细研究土伦复杂的地形，了解军队的装备情况。他惊讶地发现，法军现有的大炮根本没办法抵挡英军的火力。于是，拿破仑花了几个星期的时间，从尼斯、马赛等地收集了各种火炮。

这个24岁的小伙子像变魔术一样，每天都有马匹、骡子和牛拖着弹药、火炮和崭新的炮筒从四面八方来到土伦，一点一点地加强法军的工事。最后，拿破仑总共设立了53座炮台，其中包括用来对付英军要塞和军舰的巨大的24磅重炮。

武器装备好了，一场战争的结果还是取决于使用武器的士兵。为了鼓舞、激励士兵，拿破仑经常深入土伦前线，和士兵在一起工作。后来，有人回忆道："我发现，他总是坚守在自己的工作岗位上，即使需要休息，也是裹着大衣睡在地上。他从

未离开过炮群。”

拿破仑的专业和热情让他很快博得了上级的赞赏和器重，他不久就被晋升为炮兵少校。

经过一段时间的侦察，拿破仑完全掌握了土伦的地貌特点，并向巴黎政府提出攻下土伦的作战计划。他认为，要夺回土伦，关键在于控制内外两港的里卡尔半岛。如果能成功占领里卡尔半岛，就可以切断英国舰队的出海通道，使英国舰队在内外两港都失去立足之地。

可是联军军官也不是好对付的，他们也明白这个地方对战争的重要性，于是在那里建起了一个叫作“马尔格雷夫堡”的坚固堡垒，并对其严防死守。这个地方则被法国人称为“小直布罗陀”。

不久，法军发动了进攻。接连攻打了十几日，法军始终没有获得实质性进展。原来，法军的作战计划出了问题。他们一门心思地想着攻打英军的正面，以夺回土伦，但遭到了英军的顽强抵抗。

拿破仑很不赞同这种作战计划。他认为，如果正面与敌人硬碰硬的话，能够速战速决自然是好，万一久攻不克，必然会形成对峙的局面，让敌方有时间等待援军，这样一来就得不偿失了。

拿破仑心中的作战计划是：集中主要兵力攻占小直布罗陀，占据有利位置后，再集中大量火炮猛烈轰击停泊在内外两港的英国舰队，切断英国舰队与土伦守敌之间的联系。如此便能让土伦守敌在一无退路、二无援兵、三无火力支援的情况下缴械投降。

可是，主将卡尔托只有一腔军事热情，实际上对指挥作战一窍不通，他怎么可能会接受拿破仑这样一个年轻将领的意见呢？后来法国当局也看出卡尔托无能，就召回了卡尔托，新任命了一位总指挥官。

然而，新来的这个总指挥官更加可笑，他胆小如鼠，看到血就吓个半死。法国当局没办法，只好再一次换掉总指挥官，这一次派来了一个名叫杜戈米埃的老将。杜戈米埃有着 40 年的军龄，久经沙场，经验丰富。当他得知拿破仑的作战方案后惊叹不已，并立即决定采用拿破仑的方案。

拿破仑终于可以大展拳脚了，雷厉风行的他马上搜罗了一批能干的炮兵，准备大干一场。可是，英军也不是吃素的。他们派出了 4000 人驻守小直布罗陀，并征用了土伦一切人力来加强防御。于是这个一个月前还可以轻易攻取的阵地，如今就必须加大火力防御了。

面对新情况，拿破仑在英军防线的西南面构筑了 13 个攻城炮兵阵地，其中 6 个可以集中火力攻击小直布罗陀。为了攻其不备，拿破仑带领士兵用橄榄树枝对阵地进行了巧妙的伪装，因此敌人对这些新阵地毫无察觉。

12 月上旬，法国革命军的最后一批援军到达，从而使围攻土伦的兵力接近 4 万人，超过了守敌一倍以上。又过了一段时间，突击部队和炮兵都按预定计划进入了事先构筑好的堡垒，完成了最后的进攻准备。

12 月 14 日，法军与联军开始了长达 48 小时的战斗。很快，小直布罗陀变成了一片火海，联军精心构筑的防御工事被摧毁了。到了 16 日晚，拿破仑发现敌人的炮火已经越来越弱了，便下令发起总攻。

这天晚上，电闪雷鸣，海风呼啸，大雨滂沱。凌晨，5000

名法国士兵在大雨中艰难地向前推进，可是敌人垂死挣扎，致使一批批法国战士倒在血泊中。关键时刻，拿破仑率领预备队，大喊一声“冲啊”，便一马当先，冲向敌军阵营。战争是残酷的，如织的弹片那是沾着便伤，碰着便亡。拿破仑也不能幸免，他的战马被炮弹击毙，他的小腿被击伤，鲜血直流。不过这影响不了他，他仍然坚守在战场上，指挥战士冲锋陷阵。

小直布罗陀的后面有一条曲折的盘山小路，拿破仑看准这个防守的漏洞，命令炮兵大尉率领一个营从这里攻入小直布罗陀的后门。不大一会儿，这个营成功夺下联军炮台，打开了缺口。法军抓住机会发起进攻，一举占领了整个小直布罗陀。

敌人为了重新夺回阵地，在拂晓之前多次进行反扑。好不容易夺取的胜利果实，拿破仑怎肯轻易让敌人夺回去？于是他一面激励士兵奋勇杀敌，一面指挥炮兵掉转炮口抵挡敌人的进攻。天亮后，敌人见大势已去，只好放弃进攻。

12 月 17 日上午，法军在调整部署后，再次向敌人发起进攻。经过几个小时的激烈战斗，终于将敌人全部逐出土伦。至此，法军伤亡 1000 人，但联军伤亡达 2500 人。

这是拿破仑的第一次胜利，虽然他不是正式的指挥官。拿破仑因此战而成了战斗英雄。总指挥杜戈米埃在给陆军部的报告中写道：“我无法用语言向你们描述波拿巴的才干，他知识渊博，足智多谋，勇猛过人——将这些形容词用在这位杰出的军官身上，还是显得太苍白了。”

12 月 19 日上午，杜戈米埃将军的革命军最终收复了土伦。这时候，拿破仑将大炮掉转方向，对准了被围困在土伦大广场上的成千上万个“通敌者”——保王党分子。

此后，国民公会在全国各地举行了盛大集会，隆重庆祝法军从外国侵略者手中收复法国南部的重要城市——土伦。

收复土伦的意义非常重大，国民公会绝对不会放过这个宣传的好机会，他们要利用这次胜利告诉所有国民，侵略者都是“纸老虎”，自己的国家是有希望的。

果然，捷报很快传遍了整个法国。土伦之战成为拿破仑事业的转折点，这个默默无闻的科西嘉小子，像一颗闪亮的星星升上了法国的天空，引起了人们的关注。他首战告捷后被提拔为准将。此时，他还不到 25 岁。

值得一提的是，土伦战役中的不少士兵日后成为了拿破仑的得力助手，伴随着他南征北战，成长为优秀的军事统帅。

大炮的威力

土伦战役后，拿破仑终于出人头地了，他立刻把家人接到了马赛。他现在终于能奉养饱经风霜的母亲了。母亲莱蒂齐娅流下了欣喜的眼泪，她抚摸着拿破仑的将军肩章，喃喃地说道："如果你父亲能看到这一天，该有多高兴啊！"

1794 年 2 月，国民公会交给拿破仑一项任务：加强从土伦到尼斯整条海岸线的防御。同年 7 月，拿破仑前去赴任，带去了两名年轻的炮兵军官，一位是马尔蒙上尉，另一位是朱诺中尉，这两人都是他在土伦战役中物色的。

正在此时，法国发生了"热月政变"，这可是一件惊天动地的大事。

这件事要从法国大革命的内部矛盾说起。为了完成资产阶级革命的任务，雅各宾派和其领袖采取了一系列恐怖措施来打击异己。此举虽然较为彻底地摧毁了封建制度，却造成了内部分裂，逐渐丧失了民心。

1794 年 7 月 26 日，罗伯斯庇尔在国民公会发表演说，表示“国民公会中还有尚未肃清的议员”。可是，他又没有把那些人的名字说出来。国民公会人人自危，生怕自己会成为被“肃清”的对象。

社会气氛非常压抑。被压抑得太狠，结果只会出现两种情况——不是灭亡，就是爆发。议员们选择爆发。

第二天，即法国“共和历”热月 9 日，罗伯斯庇尔前往国民公会准备发表演讲，但他的发言刚刚开始便被议长粗暴地打断了，继而场内开始出现“打倒暴君”以及“逮捕罗伯斯庇尔等人”的呼声。国民公会随即通过了逮捕罗伯斯庇尔及其支持者的法令，同时被捕的还有罗伯斯庇尔的弟弟奥古斯丁·罗伯斯庇尔。

7 月 28 日，未经审判，维护大资产阶级利益的热月党人便将这些雅各宾领袖处死了，从此掌控了法国的政权。接着，热月党人便开始在全国追捕雅各宾政府的亲信。这就是所谓的“热月政变”。

罗伯斯庇尔被送上断头台后，所有的人立刻与他划清了界限，并声称当初与这位暴君交往纯属被迫。为了证明自己的清白，他们还到处寻找替罪羊。拿破仑也因此受到牵连。

其实，这事跟拿破仑的关系不大，但坏就坏在奥古斯丁曾是拿破仑的坚强后盾，但现在所有与罗伯斯庇尔兄弟交往密切的人都成了政治上的可疑分子，拿破仑当然也不例外。他就这样被逮捕了。

当时局势非常复杂，拿破仑的朋友朱诺劝他逃走。拿破仑却说："我的良心是平静的，不要为我采取任何鲁莽的行动，否则只会陷我于不义。"他相信只要自己是光明正大的，就不会有什么事。在给一位朋友的信中，拿破仑承认："我有些为奥古斯丁的惨死而伤感，因为我喜欢他，我感觉到他是完全真诚的。但是……如果他当真要当独裁者，即使他是我父亲，我也会刺杀他的。"

拿破仑虽然不愿意逃走，但对于热月党人对他的逮捕还是非常气愤，同时对法国大革命也开始了思考。他从罗伯斯庇尔兄弟的死中看到了自己的危机。

幸运的是，在朋友的帮助下，一周后拿破仑被无罪释放了；不幸的是，他光明的前程却因此而中断了。

1795 年 5 月，拿破仑来到巴黎，希望获得新的任命，但是巴黎当权者对他的敌意仍然存在，这使他一筹莫展，甚至灰心丧气。后来，救国委员会命他去旺代镇压叛乱，以此将他与他的部下隔绝开来，同时将他调入步兵部队。

拿破仑对于这个任命非常生气。因为对一个受过全面训练的炮兵来说，这样的任命等于降级处分。

愤愤不平的拿破仑打算对这项任命提出抗议。他来到陆军部，要说明情况，认为当局的这种决定是毫无道理的。但陆军部对他的意见不屑一顾，气得他当场大吵大闹。可是陆军部还是没有改变主意。

于是，拿破仑干脆要求休假，以便“恢复健康”，接着他便与朱诺、马尔蒙一起闲居于巴黎拉丁区一家偏僻的旅馆里。救国委员会鉴于他拒不接受任命，下令从现役军官名册上勾销了他的名字。

这一时期的拿破仑整天无所事事，也穷困潦倒，过着郁郁寡欢的生活。拿破仑一位朋友的妻子后来回忆说，在观看一出喜剧时，所有的人都哈哈大笑，只有拿破仑冷冷地坐在那儿一动不动。

情况突然出现了转机。8 月，巴黎一位重要人物——巴拉斯派拿破仑到救国委员会测绘局任职。拿破仑就这样成为了一名军事计划官员。巴拉斯在法国大革命中一路高升，现在已经是督政府中 5 个重要人物之一。

到了 9 月中旬，拿破仑接到命令，要他组织一个 8 人军事使团到土耳其帮助苏丹组建炮兵部队。获悉巴拉斯将军现在仍然在领导国防事务，以及过去由于缺乏“共和精神”而被解职的军官又都官复原职的消息后，拿破仑决定抓住这个机会，在 10 月 3 日（共和历葡月 12 日）到杜伊勒里宫去求见巴拉斯。

命运没有抛弃拿破仑，法国错综复杂的政治斗争又一次把他推上了巴黎的政治舞台，让他扮演了一个极为重要的角色。

原来，热月党人战胜雅各宾派后，解散了巴黎和各地的革命委员会，封闭了人民团体和俱乐部，废除了包括限价法在内的商业方面的种种限制。这样一来，新兴资产阶级钻了空子，发达起来，而平民百姓却更加穷困潦倒。巴黎民众无法忍受下去，开始进攻国民公会大厦。然而，等待他们的却是军队的血腥镇压。

这时，保王党人又闻风而动。他们趁机在南部的马赛、里昂等地发动叛乱，并在他们控制的地区实行白色恐怖统治。同时，隐藏在伦敦、科布伦茨、汉堡、罗马等地的保王党亡命之徒再度活跃起来，拥立路易十六的弟弟普罗旺斯伯爵为路易十八。他们组织了敢死队，在布列塔尼省西北端登陆。国民公会派奥什将军前去镇压他们，并击溃了这支叛乱队伍。

9 月下旬，法国中部地区又出现了动乱。在巴黎，保王党分子积极煽动叛乱，致使叛乱在各地迅速蔓延开来。到了 10 月份，保王党叛乱分子已达到 4 万人，而当时国民公会可以立即调用的兵力却只有 5000 人左右。

很快，成千上万的大多数属于工人阶级的巴黎人和保王党分子已经聚集起来，准备进攻杜伊勒里宫。

巴拉斯和督政府危在旦夕。巴拉斯紧急从郊区调拨援军。但是，援军是否能及时到达，谁也不知道。

这时，巴拉斯想起了拿破仑——一个穿着破旧的灰大衣、曾几次找他帮忙的年轻人。他命人将拿破仑找来，问他能否把叛乱镇压下去。

拿破仑考虑了几分钟，答道："我有把握，但是我有一个条件——谁也不能干涉我的指挥。"

巴拉斯说："你要十分有把握才行，这次行动只准成功，不能失败！"

拿破仑信心十足地说："我是炮兵出身，只要先生同意，大炮能解决一切问题。"

拿破仑走马上任后，立即调遣 27 岁的骑兵军官缪拉来执行巴拉斯的命令。缪拉不辱使命，从郊区弄来了所有大炮和大量弹药。拿破仑对手上的兵力进行了精心部署，城边的街道上也由正规军筑起了街垒。但是，由于古老的街道过于拥塞，他只好将大部分重炮置于杜伊勒里宫的对面，构成了宽阔的火力网。

1795 年 10 月 5 日，天空阴云密布。拿破仑得到密报，保王党人今天将进攻巴黎，颠覆热月党人的政权。

叛军第一次攻击，击溃了在杜伊勒里宫还来不及部署的部队，控制了巴黎的主要街道。开头的顺利使他们以为占领国民公会并不困难，于是到了下午 3 点钟，他们兴高采烈地在军乐的伴奏下，举着旗帜向杜伊勒里宫进发，却没想到进入了拿破仑布置的火力网中。

夜幕渐渐降临，拿破仑面临着抉择：要么现在就打，要么永远都别打了！当初他嘲笑过路易十六的软弱，现在他身边就有大炮，难道还让自己骂自己软弱不成？

开火的命令下达了，所有大炮火力全开。顿时，轰鸣声、哀号声和惨叫声不绝于耳。叛军直到死，都不敢相信国民公会竟然用大炮来对付他们。一个小时后，叛军败下阵来，死伤无数。

后来，拿破仑在给约瑟夫的信中说道：“敌人在杜伊勒里宫前向我们发起攻击，我们把他们消灭了不少。他们打死了我们30个人，另有60个人受伤……现在一切复归平静。跟以往一样，这次我仍然毫发无伤。”

第二天早上，叛军总部宣布投降。叛乱平息了，热月党的国民公会得救了。

国民公会认为拿破仑的英明挽救了共和国。两个星期之后，拿破仑被晋升为少将。很快，拿破仑接替了巴拉斯内防军司令的职务，一大批追随者归入他的麾下，因为他给他们带来了希望。

但是普通民众却对拿破仑恨之入骨，因为那天晚上，太多手无寸铁的市民，包括妇女和旁观者被他杀害。

与约瑟芬结婚

拿破仑突然拥有了金钱、仆人和车马，于是他家里的经济状况得到了很好的改善。哥哥约瑟夫身兼数职，两个弟弟都获得了很好的职位，母亲又开始像样地生活，甚至远房亲戚都被他安排妥当了。

志得意满的他很快收获了自己的爱情。一位美丽的女人闯入了他的生活。原来，成功镇压葡月叛乱后，拿破仑成为巴拉斯家的常客，经常出席他家的豪华晚宴。在晚宴上，拿破仑认识了塔里昂和他的夫人。塔里昂夫人和巴拉斯关系匪浅。为了拉拢巴拉斯，一天晚上，她把一个名叫约瑟芬的寡妇介绍给了拿破仑。

约瑟芬，1763 年 6 月 23 日出生于西印度群岛的马提尼克岛上的一个甘蔗园主家庭。约瑟芬家本来是卢瓦尔古老贵族的后裔。在她很小的时候，任职王室侍从的父亲离开了路易十六的宫廷，到西印度群岛的领地去寻求发展。过惯了上层贵族生活的父亲哪会打理领地，于是庄园渐渐衰败了。

父亲便把主意打到了约瑟芬的头上，希望她早点嫁人，以减轻家里的负担。于是在她 14 岁的时候，父亲便带着她回到法国去见她的姑姑。姑姑同意照料约瑟芬，并答应为她找一个丈夫。

后来，约瑟芬和西印度群岛马提尼克总督的儿子博阿尔内缔结了婚约。1779 年 12 月，16 岁的约瑟芬和博阿尔内结婚了。约瑟芬婚后生活并不美满，她和丈夫之间缺乏感情，难以沟通。丈夫很少回家，即使回家，也待不了多长时间。

约瑟芬先后为丈夫生了两个孩子，大儿子欧仁和小女儿奥坦斯。尽管如此，夫妇俩的关系仍然不断恶化，两人见面的机会越来越少。

法国大革命爆发后，博阿尔内借着东风一路高升，后来他被任命为指挥莱茵军团的将军。1793 年，博阿尔内的部队在战斗中被击溃，他本人也逃离了战场，因此被控“叛国罪”，并被捕入狱。约瑟芬想为他说情，结果也被捕了。后来，博阿尔内被送上了断头台。约瑟芬在塔里昂的干预下，获救出狱。

在巴拉斯家的晚宴上，约瑟芬美丽的容貌、得体的举止和优雅的谈吐令拿破仑怦然心动。不过拿破仑却一直没机会接近她。

约瑟芬也有自己的打算，她要为自己的后半生和两个孩子的前途着想。她也看中了拿破仑，但是有什么办法能和拿破仑联系上，而从表面上又看不出是自己主动联系他的呢？

很快机会来了。受到葡月政变的影响，督政府为了自己的安全，下令禁止市民私藏武器，违者格杀勿论。

一天，拿破仑正在办公室里埋头处理公务。突然，门被推开了，进来的是一个瘦瘦的男孩，十多岁的样子。

拿破仑问道："你有什么事情吗？"

"我要找波拿巴将军。"

"找我有什么事？"

"我是博阿尔内子爵的儿子，叫欧仁·德·博阿尔内。我父亲已经死在雅各宾党的断头台上了。我父亲有一把剑，被您没收了。希望您能把它还给我，它对我有非常重要的意义。您看，我还是个小孩子，不会去做反对将军的事情。"

拿破仑当场答应了欧仁的请求。第二天，孩子的母亲约瑟芬盛装而来，向拿破仑表示感谢，并邀请他去她那位于僻静郊区的小屋。拿破仑连忙答应了。

拿破仑在战场上能够指挥千军万马，说一不二，但在迷人的约瑟芬面前，他却有点腼腆。现在，拿破仑如坠云里雾里，失去了理智和判断的能力。

拿破仑终于准备同约瑟芬结婚了。但他还是有所顾虑，毕竟约瑟芬比自己大 6 岁，有一双儿女，而且他的家人全都不同意这门亲事，于是他去咨询巴拉斯的意见。

巴拉斯显然是极力促成拿破仑与约瑟芬的婚姻，因为他可以通过约瑟芬来争取拿破仑对自己的忠心。

“毫无疑问，”巴拉斯说，“既然你请教我，那我就用你的话回答你：为什么不呢？结婚吧！一个结过婚的男人在社会上更能对付他的敌人。”

这种鼓励正是拿破仑需要的。他表示了感谢，心情愉快地走了。在约瑟芬的积极努力以及巴拉斯的斡旋下，拿破仑宣布了自己与约瑟芬的婚约。

这时，随着拿破仑的意大利作战计划得到陆军部长卡尔诺的批准，他变得极其忙碌。1796 年 3 月 2 日，拿破仑被任命为意大利方面军总司令。

3 月 9 日，在巴黎一个行政区郡长办公室，约瑟芬穿着白色的婚纱，显得美丽优雅。塔里昂、塔里昂夫人、巴拉斯以及公证人都来到现场为新人证婚。过了很久，拿破仑才心神恍惚地赶来。

所有的证婚文件都是在仓促之间完成的。约瑟芬的年龄被少写了 4 岁，而拿破仑的年龄则被多写了 1 岁。就这样，他们的婚姻带着两个假数据开始了。

两天后，拿破仑离开了巴黎。在沿途的 11 个休息地，他给约瑟芬写了 11 封狂热的情书。到达尼斯后，他找到了自己的部队，开始行使指挥权。这一指挥权将使他跨越欧洲的边界。

第二章

法国的主宰

意大利大捷

青云直上

转战埃及

冒险夺权

加冕为帝

意大利大捷

第一次反法联盟简直阴魂不散，直到现在依然存在。他们总是找机会打压法国。最好的防守就是进攻，法国督政府决定变被动为主动，去进攻实力雄厚的奥地利军队。

法军兵分三路，统帅分别是朱尔丹、莫罗和拿破仑。根据作战计划，拿破仑将率领第三路军在意大利的波河河谷迎战奥军。

走马上任后，拿破仑做的第一件事就是组织一个精明强干的智囊团。

那么，他选定的培养对象有哪些呢？

首先是贝尔蒂埃。他是理发匠的儿子，1768 年出生于洛特。他小时候受过良好的教育，后来进入蒙特皮拉医药学校。由于父亲破产，他 19 岁的时候被迫退学，当了一名兼任外科医生和牙医的理发匠。大革命爆发后，他在当地小国民卫队当上了副司令员。后来，他作为普通士兵参加西比利牛斯军，再度被选为军官，并遇到了奥热罗。经奥热罗引荐，他到尼斯参加了意大利远征军。后来的事实证明，正是因为拥有贝尔蒂埃这样孜孜不倦、一丝不苟地工作的下属，拿破仑才能腾出更多的时间，节约更多的精力去处理一个又一个难题。拿破仑后来曾对贝尔蒂埃的能力和缺点作过这样的评述："他缺乏决断能力，所以不适合当指挥官，但他具有一个优秀参谋长的一切素质。"贝尔蒂埃是一个很会识图的人，通晓一切侦察手段，能有条不紊地指挥极为复杂的部队调动。

第二个人是让·拉纳。他于 1769 年出生在莱克托，从小在染坊当学徒，勤奋好学。拉纳也是在大革命中由一个无名小卒成长为一个风云人物。1796 年春天，他晋升为少校，那时拿破仑还不知道有他这样一个人，不过后来他却成为拿破仑最喜欢的军官。

第三个人是缪拉。他是一个资产管理人的儿子，于 1767 年出生，家境不错，在教会学校受过良好的教育，20 岁离家，当了一名骑兵。他在大革命中当上了少尉，不久又晋升为少校。葡月事件时，他服务于拿破仑的军队。1796 年晋升为上校团长和拿破仑的高级副官。

最后一个是拿破仑的老朋友、现在的副官马尔蒙。他于 1774 年生于塞纳的一个勃艮第贵族家庭，1790 年从法国皇家军校毕业后任少尉，然后进入位于夏龙的炮兵学校。他是在土伦战役中认识拿破仑的，从那以后两人就一直是亲密的朋友和默契的工作搭档。

此外还有出生于尼斯的安德鲁·马塞纳、出生于巴黎的奥热罗以及出生于拉昂的塞吕里耶。同时，拿破仑将自己18岁的弟弟路易也带在了身边。

拿破仑到达尼斯后，就在这里建立了司令部。之后，拿破仑检阅了部队。令他惊讶的是，这支部队的战斗水平已经低得不能再低了。

原来，由于不受上面重视，军装、武器弹药、马匹等后勤供应少之又少。出于无奈，士兵们只好去抢劫。就在拿破仑到来的头天晚上，一个营就因没有靴子穿而拒绝执行向另一个地区转移的命令。饥饿的将士到处抢劫，反抗和开小差的事件不时发生，包括指挥人员安德鲁·马塞纳、奥热罗、塞吕里耶和贝尔蒂埃在内，所有人的情绪都十分低落。

拿破仑到来后，情况并没有立即改变，因为年仅27岁的他在大家的眼中，只是个“娃娃兵”，没有什么威信。

拿破仑在得知军队抢劫的事情后，又看到站在他身旁的奥热罗脸上的讥笑，马上意识到这是一个立军威的好机会。他猛地一拍桌子，大声道：“马上查出所有参与抢劫的士兵，列一份名单给我！所有人员，无论什么身份，一律军法处置！”当这道命令下达后，所有人都大吃一惊，因为此类事件之前也偶有发生，但以前的头儿都没把他们怎样，没想到拿破仑这次如此雷厉风行，实在是太小看他了。

这时，只见拿破仑走到奥热罗跟前，说道："将军，你的个子正好高出我一个头，但假如你对我无礼，我会马上消除这个差别。"奥热罗被拿破仑的气势吓得脸色苍白，马上表示会完全听命于他。

拿破仑还立即召开了军官会议，严肃军纪。之后，他遣散了纪律涣散的士兵，只留下近 4 万人的精锐部队。看到拿破仑如此有魄力，所有军官都严肃了起来。

在其后的一周里，拿破仑颁布了一系列果断的命令，以加强前线各师力量，并把正在休整的骑兵部队调来。军队的所有工作都慢慢进入正轨。之后，他迅速宣布了一个突破意大利通道、变敌方最富饶的地区为战场的大胆计划，并决定于 1796 年 4 月率领军队从尼斯出发，向皮埃蒙特平原挺进。

士气高低对能否打胜仗至关重要。可是，由于历史原因，这支马上要上战场的部队士气却非常低下。这怎么行？为了鼓舞士气，拿破仑慷慨激昂地对士兵们发表了著名的演讲："士兵们！你们缺衣少食，而政府一无所有，无法满足你们基本的生活需求……我是来带领你们打到天下最富庶的平原去的。丰饶的省区、富裕的城镇，任凭你们处置。在那里，你们将收获荣誉和财富！战士们，你们有勇气、有信心吗？"

"有！有！"士兵们振臂高呼，士气大振。

1796 年 4 月 5 日，拿破仑率领意大利方面军，从尼斯出发，向皮埃蒙特平原挺进。为了更快到达目的地，他一反常规，率领部队翻越阿尔卑斯山有名的天险。4 月 9 日，部队平安地越过天险到达了萨沃纳，拿破仑决定在附近集中兵力。就在那里，法军与敌军相遇了。

拿破仑面对的是由博利厄率领的奥地利军与由科利率领的撒丁军所组成的联军。在数量上，联军处于优势，联军有七八万人，而拿破仑的部队只有 4 万多人；在配备上，联军也强于法军，他们拥有强大的骑兵和具备压倒性优势的炮兵，而拿破仑部队的炮兵、骑兵均严重不足。

虽然实力相差很大，但拿破仑并没有气馁，他打算速战速决——这将成为他以后军事指挥的一个特点。他凭着对这个地区地形的熟悉，迅速作出判断：敌方的两个战斗力较弱的师奉命守在位于左翼的阿尔卑斯山隘，三个海防旅负责保护更加脆弱的交通线，这是奥撒联军阵地易受攻击的弱点所在。于是，拿破仑决定先切断联军的所有联络，然后将他们各个击破。

拿破仑把兵力分成了三个部分：前卫近 2 万人，由马塞纳指挥，越过卡蒂波纳山隘，据守芒泰诺泰和代戈，以挡住奥地利军；主力 1.2 万人，由奥热罗指挥，从西面围攻切瓦；左侧军 1 万人，由塞吕里耶指挥，从南面围攻切瓦。这样部署的目的就是先吃掉较弱小的撒丁军，然后集中兵力对付较为强大的奥地利军。

拿破仑出其不意的攻击方式，令博利厄非常吃惊，他迅速离开司令部来到诺维，命令两个师分别向北和西移动，与他一起组成防线。然而，从战争一开始，博利厄就吃到了军队过于分散的苦头：相互之间难以联络，甚至与总部的联络都成了问题。

这时，拿破仑又充分利用了一个有利时机。原来，法国政府由于财政十分拮据，曾在 1796 年 3 月上旬派意大利军团的特派员之一萨利切蒂前往热那亚筹措贷款，但遭到了拒绝。来软的不行，萨利切蒂便决定来硬的。因此，他力劝法国政府采取军事行动。法国政府决定给热那亚人施加压力，于是从据守萨沃纳东北海防区的色尔弗尼旅中抽调一个“小型旅”，向热那亚以西的沃尔特里推进，迫使热那亚同意提供贷款。

这一行动震惊了奥地利军，他们误以为法国人要进军热那亚，因而急忙敦促博利厄元帅迅速南下，增援热那亚。“小型旅”于 3 月底占领了沃尔特里，而拿破仑也正是在这一天继任意大利军团司令的。

热那亚是拿破仑的一个重要补给港口，如果出事了，肯定会对他的部队产生不利影响，因此拿破仑一开始对法国这种做法很不满。但是，他很快就意识到热那亚受到威胁，可以吸引走大量奥地利军，方便自己实施军事行动。拿破仑看准这一时机，于 4 月 6 日又派出萨沃纳军队的余部增援攻占沃尔特里的部队。

这一消息令奥地利方面非常惊慌，于是赶紧下令，要博利厄立即制止法军向热那亚推进。博利厄听命行事，把大本营移到诺维，并把军队分成三个部分：皮托利师受命占领通往热那亚的博凯塔山隘；武卡塞维师进军沃尔特里，以逐退法军前锋；阿根陶师南进利古里亚的亚平宁山脊，以占领芒泰诺泰和尼格莫山——该山控制着卡蒂波纳山隘。博利厄的意图为，在拿破仑沿里维埃拉向热那亚前进时袭击其左翼。

4 月 10 日，博利厄率领左翼部队抵达沃尔特里，向驻扎在那里的法军发起猛烈的攻击。这样一来，奥地利军的左翼部队就远远地离开了中路部队。这时，科利率领的撒丁军团仍在很远的西面，于是奥地利军中路部队就陷入了左右无援的孤立境地。

拿破仑敏锐地发现这是个不可多得的有利战机，便果断决定集中兵力首先击败孤立的中路奥军。这时，中路奥军在阿尔热托的指挥下占领了蒙特诺特。

第二天，拿破仑亲赴前线，向马塞纳、拉哈普和奥热罗三位师长面授机宜。当天晚上，三位将领率领各路法军一起悄悄地向蒙特诺特进发。

4 月 12 日黎明，法军包围了阿尔热托。阿尔热托招架不住，不得不突围后撤，向北落荒而逃。

远在西面的撒丁军团得知阿尔热托被围的消息，虽有心救援，可是由于两军隔得太远，鞭长莫及，只好听任盟军被歼。

博利厄则对这场战斗毫无所知。两天后，阿尔热托溃败的消息传到沃尔特里，博利厄这才发现自己上了拿破仑的当，但为时已晚。

4 月 12 日下午，拿破仑发布了如下战报："共和国万岁！今天，马塞纳将军所率师与拉哈普将军所率师一起攻击了据守在蒙特诺特重要阵地的奥军，该军达 1.3 万人。结果共和军彻底击败了奥军，打死打伤敌人约 3000 人。"

炮兵出身的拿破仑凭着敏锐的洞察力、迅速的决断力和敏捷的行动力，在意大利战场上运用步兵获得了胜利。

青云直上

从这一天起，将士们对拿破仑心悦诚服。由于大家的心在一起了，力量往一处使了，再加上拿破仑精准的判断力和果断的决策力，让他带领的部队攻无不克。1796 年 4 月到 1797 年间，拿破仑先后赢得了洛迪战役、曼图亚争夺战等战争的胜利。

如前所述，拿破仑接手的这支部队长期处于吃不饱穿不暖的状态，后来政府对他们的援助也不够多，所以为了生存下去，部队每攻克一个地方，都会去抢一些物资过来。

对此，拿破仑采取的态度是，占有补给可以，但应保持军人的自尊，绝不能因此而变成所占地区的祸害。实际上，拿破仑本人非常明白严肃军纪的重要性，他曾说过："没有纪律，就不可能有胜利。"但是在生存面前，军纪就算不得什么了。

于是，有人拿这一点来挑刺，因为他们想要在战略战术上挑拿破仑的毛病是很困难的。但是这并没有给拿破仑带来太多麻烦，因为他靠战争给法国督政府带去了成千上万辆马车的金银财宝和艺术珍品。当然，他的部下，包括普通士兵都在战争中发了横财，拿破仑也给母亲莱蒂齐娅和弟弟带回了大量财物。拿人手短，哪还会有人对拿破仑动真格的？拿破仑此时才算是真正得到了荣誉、赞美和权力，并享受权力带给他的乐趣。

然而，拿破仑的胜利给法国督政府里的官员们带去欢乐的同时，也让他们陷入担忧之中，因为他们发现拿破仑是柄双刃剑：一方面他可以打得敌人落花流水，另一方面他有着丝毫不加以掩饰的野心。他们害怕这个能力非凡、桀骜不驯的年轻将军有朝一日会动摇自己的统治地位。此时拿破仑已经不再听命于他们了。他们暗地里说："此人这样一再获胜，我们迟早会完蛋的。"于是他们凑在一起商量对策。

督政府给拿破仑下达了一条命令，要他尽快同被征服的奥地利缔结和约。但是，拿破仑不愿意与奥地利缔结和约。因为一旦此事达成，拿破仑就要随大部队打道回府。只要返回法国，他就会回到无聊的、受到制约的生活中。为了实现自己的雄心壮志，拿破仑时时刻刻关注着巴黎的政治动向，他感到将会有一场危机袭击巴黎。

巴黎督政府中有 5 位督政官，这 5 个人又分为两派，其中 3 位是坚定的共和派，另两位——卡尔诺和巴泰勒米的政治观点偏向保王派，这是绝对不为共和派所容的。

属于共和派的督政官巴拉斯决定策动政变，除掉卡尔诺和巴泰勒米。策动政变需要强大的武力支持，于是他再次想到了拿破仑。拿破仑也不希望波旁王朝复辟，因为那将断送自己攫取政权的机会，于是两人一拍即合。

但是，拿破仑还是不想回巴黎。于是他派奥热罗回到巴黎，并致函巴拉斯说："奥热罗将军因料理私事，请假回巴黎。他将面告诸位，远征意大利的军人们绝对效忠于宪法，效忠于督政府。"拿破仑还委托奥热罗带去了意大利军团的请愿书，里面提到："如果你们害怕保王党分子，你们可以调动意大利军团，它将迅速扫除这些保王党分子和英国人。"拿破仑还送了 300 万法郎给督政府，以助其缓解财政困难。

拿破仑之所以选择奥热罗代表自己去和巴拉斯联系，是因为他觉得奥热罗自负、傲慢，敢于恫吓政客和肆无忌惮地使用武力。他相信这位将领在巴黎绝对不会无所作为，他会替自己完成想要完成的事业，而他就可以隐藏在政治变动的背后，从而避免陷入政治旋涡。

巴拉斯说服了督政府任命奥热罗为巴黎军区司令。

果月 18 日（1797 年 9 月 4 日）凌晨，巴拉斯动手了。奥热罗指挥军队在各大桥梁和主要街道上设置了大炮。很快，巴泰勒米被逮捕了，同时与波旁王室暗中联系的皮什格鲁将军也被逮捕了，后来两人均被放逐到法属圭亚那。卡尔诺则设法逃往瑞士。这就是"果月 18 日政变"，政变没有遇到任何抵抗，便轻松地取得了胜利。

奥热罗因镇压保王党有功，被任命为莱茵方面几万大军的指挥官，这让拿破仑心里很不舒服。更具讽刺意味的是，胜利后的督政府，非但没有感谢拿破仑的帮助，反而将巨大的压力转移到他头上——他们要求拿破仑与奥地利签订永久和约。

其实早在1797年4月，拿破仑便以胜利者的姿态，与奥地利签订了临时和约。拿破仑的擅自行动让督政府非常不满，他们认为这种做法只不过助长了拿破仑的个人威信。他们想等到法军在莱茵战区展开春季攻势后再签订和约。因为彻底击败奥地利后，就可以争取到更加有利的条款。于是督政府派了陆军部的一位官员到拿破仑的司令部代表督政府与奥地利谈判。但是拿破仑根本不听命于这种安排，他坚持由他亲自处理所有的政治交易。督政府最后只好同意了。

拿破仑心不甘情不愿地答应同奥地利进行正式谈判。奥地利方面派出的是精明强干的外交家科本茨伯爵。经过多次谈判，一直到10月中旬，科本茨始终强调法国给他们的补偿远远不够，如果法国想得寸进尺，那么自己的皇帝无论付出多么惨重的代价，也不会同意签订这种和约。最后，科本茨伯爵使出杀手锏，说："如果不给我们满意的补偿，我就立刻动身回去，那么战争的一切后果由阁下负责。"

拿破仑勃然大怒。他大吼道："你忘了，法国才是战胜国，你们奥地利是战败国，你是在我的炮兵的包围中同我进行谈判的……"不仅如此，他还抓起桌子上的陶瓷咖啡盒继续大叫道：

“好吧！那么停战就到此为止，新战争将马上开始！但是请你们记住：在秋末以前，我一定要粉碎你们的帝国，就像现在粉碎这个咖啡盒一样！”说着，他将咖啡盒摔得粉碎。

在这种气势下，科本茨收敛了很多。而拿破仑也考虑到如果继续战争的话，己方必定还会有伤亡，于是他压了压脾气，决定仍和奥方讲和。在谈判中，他尽可能地压低对方索取的补偿，并要求将法国的国界移到莱茵河。

晚上，双方终于达成一致，签订了和约。和约规定，奥地利正式承认割让比利时和荷兰以及莱茵河左岸，还有法国征服的伦巴第和威尼斯的三个岛屿；法国则将威尼斯的一大片土地划归奥地利，作为奥地利失去比利时各省和伦巴第的补偿。拿破仑用威尼斯换得了奥地利在莱茵河问题上的让步，莱茵河成了法国的天然疆界。

这是拿破仑外交活动的第一个重大成就。至此，第一次反法联盟正式宣告破产。

很快，和约被送到了督政府，但督政府对拿破仑签订的和约极为不满。尽管他们激烈地反对，但对拿破仑却毫无办法，于是只得批准了这个和约。同时，督政官们又怕拿破仑拥兵自重，于是一不做二不休，直接下达了召回他的命令。

拿破仑毕竟是有战功的人，因此这个命令的措辞就需要十分讲究。在命令的开头，督政官首先对拿破仑的卓越战果表示了一番感谢，然后宣布撤销他意大利军总司令的显赫职务，命令他回法国任英吉利海峡法国守军指挥官。

拿破仑接到这道命令的时候，非常愤怒，却又无可奈何。这件事对拿破仑的打击很大，但也让他觉醒了，他的自信心飞速膨胀，他已经不能满足于受别人掌控与支使了。他曾对一个朋友透露道："我已经下定决心，如果我不能成为法国的主人，就离开法国。"

迫于督政府的一再催促，拿破仑检视了一下自己的部队，发现精锐都被自己掌控着，这才动身返回巴黎。

令拿破仑没有想到的是，此时巴黎到处都在传颂着他的功绩，巴黎的每一个居民都知道拿破仑打败了强大的敌人，占领了大片的土地，于是把他当作心目中的英雄。

迫于公众的压力，督政府不得不在卢森堡宫为这位英雄举行了盛大的欢迎仪式。现在的巴黎五彩缤纷，数不清的民众聚集在宫殿前对拿破仑报以热烈的欢呼声和掌声。拿破仑见到这种阵仗，显得拘谨又激动。在耀眼的灯光下，一只只致敬的手向他伸过来。他甚至还听见一个小女孩对她妈妈说："妈妈，他是一个真正的男子汉！"他想笑一笑，但他的心跳得太厉害了，嘴唇已经不听使唤了。

欢迎仪式结束后，拿破仑回到自己家中，来拜访的人络绎不绝。

然而，一个月之后，拿破仑的家就变得冷清了。拿破仑很郁闷，他怕他得到的荣光会被时间磨损掉。他曾经对人说："巴黎人从来就是健忘的……在这个花花世界的大都市里，今天对某人赞美有加，明天就会将他置之脑后，代之以新的更时髦的英雄。假如我长期这样无所事事，我就完蛋了。”好在不久后，他又有事情可做了。

转战埃及

拿破仑在熬过了几个月的无聊日子后，终于迫不及待地以英吉利海峡法国守军指挥官的身份来到了法国北部布雷斯特海岸，去考察海港和兵营，查看从此地突袭英国是否可行。由于拿破仑不耻下问，军官、水手、渔夫、商人，甚至走私贩子，都成为他请教的对象。

拿破仑认真收集着每一条信息。因为进攻英国对他来说很重要，这关系到他能否夺权成功。这样的考察进行了几天，拿破仑就不得不赶回巴黎，因为当局要他赶回去开会。

拿破仑知道当局在打什么主意，无非就是怕他找机会闹事。好在英吉利海峡具体的情报他也打听得差不多了，于是回到了巴黎。

回到巴黎后，拿破仑立马上交了一份报告。报告指出，直接去打英国，天时、地利、人和都不具备，但是法国要想发展，

又必须占领英国。那该怎么办呢？只好变通一下，先去征服埃及，这样不仅可以阻碍英国对印度的贸易通道，变埃及为法国的殖民地，还可以为进一步征服英国财富的主要来源地——印度，使之为法国所有。

拿破仑这个计划具有很大的可行性，但是督政府顾虑重重，因为埃及是法国盟友土耳其苏丹的领地，如果贸然去进攻，肯定是不仗义的。但在巨大的利益面前，督政府最终同意了拿破仑的方案。另外，他们还有自己的小算盘，那就是希望战争能消耗拿破仑旺盛的精力，以免这个野心勃勃的年轻人在巴黎和督政府作对。如果他战死疆场，也未必不是一件好事，那样他对督政府的威胁也就解除了。

拿破仑有任意挑选军官和部队的权力，所以征服埃及的东方军团的组建工作进展得很快。其参谋班子由他的弟弟路易、他的继子欧仁·博阿尔内以及马尔蒙、缪拉、朱诺、迪罗克、拉瓦莱特组成。贝尔蒂埃自然又成了他的参谋长，此外，他还有权指挥拿破仑的私人卫队。

东方军团中还有一支很特别的考察团，是由170多位科学、技术和文化专家组成的。他们是去调查研究埃及的自然资源和古代文物的。诚如后来所证明的，这次远征在考古和科学方面所取得的成果比其军事成果要大得多。

此外，拿破仑还携带了大量图书，如古希腊诗人荷马和古罗马诗人维吉尔的诗集、《圣经》、卢梭的《新爱洛绮丝》、歌德的《少年维特之烦恼》等。

除了这些图书，拿破仑还携带了数百箱仪器，它们都由驴子来驮运。在这次远征中，拿破仑曾下达过一条著名的指令："让驴子和学者走在队伍中间。"由此可见，拿破仑对知识是多么重视。

拿破仑希望把神奇的东方的一切都研究透彻，以便给法国赢得一块殖民地，也替自己在非洲树立威名。

1798年5月，拿破仑从巴黎出发到达土伦，检查了近4万官兵登船的最后准备工作。在登船前夕，他向部队发表了极具鼓动性的演讲，答应他们回国后分给每人 5 英亩土地。

不久，远征舰队从土伦扬帆起航。这是一支由 300 余艘运输船组成的舰队。布律埃斯中将指挥的 13 艘大型战舰和 6 艘快速帆船负责护航。拿破仑乘坐的是布律埃斯的旗舰“东方号”。在航行途中，来自科西嘉、热那亚等地的船队也先后加入进来，壮大了远征的队伍。

有趣的是，直到这时大部分人还不知道他们的目的地是埃及，因为这次远征的目的地是严格保密的。官方直到最后一刻还称这支队伍是英吉利军团的左翼，并宣称他们要经过直布罗陀海峡，绕过西班牙，去爱尔兰。

这个消息传到英国海军司令纳尔逊的耳朵里，他信以为真。当法国舰队直奔马耳他岛时，纳尔逊却在直布罗陀海峡防守着拿破仑。如果纳尔逊的舰队能截住拿破仑，就一定能轻而易举地重创他。等纳尔逊意识到拿破仑的真实意图时，再去追赶，已经来不及了。

6 月，法国舰队抵达马耳他岛——一个位于地中海中部的岛屿。该岛是大西洋通往地中海东部和印度洋的交通要道，也是地中海最好的港口。登陆部队在该岛上岸后，立即围攻了瓦莱塔港。马耳他人一觉醒来，惊讶地发现这个地中海的古老海港里停满了军舰，里面挤满了桅杆和樯帆，真如“浮动的森林”一般。

马耳他岛上的骑士只做了一些象征性的抵抗，便决定放弃这座坚不可摧的要塞。双方经过讨价还价，签订了停战协议。协议规定，马耳他岛的所有主权和财产无条件交给法兰西共和国，并废除岛上的骑士团。法方为此付出的代价是3死6伤；马耳他方面则是死了几个人，数百人被囚禁。

几天后，拿破仑再次起航，他在此地只留下了4000士兵镇守。拿破仑之所以急忙起航，是因为害怕在这里或去埃及的途中与英国纳尔逊的地中海舰队相遇。

很快，法国舰队顺利到达亚历山大港附近的埃及海域。在船队驶近埃及海岸时，拿破仑派了一艘巡洋舰先行，以侦察亚历山大港的情况。不久，巡洋舰驶抵该港，找到了法国领事马嘉隆，并于次日把他带回了旗舰。

马嘉隆告诉拿破仑："一支由14艘炮舰组成的英国舰队在法军抵达亚历山大港前两天离开了……他们随时可能再度出现。"拿破仑害怕英国舰队会随时回来，决定立即登陆。

7月1日，天气状况不是很好，但拿破仑的部队还是开始在马拉布特登陆。登陆十分艰难，许多人溺死在海中，但法军最终还是完成了登陆。

第二天凌晨，法军踏上了埃及的土地。随即，拿破仑亲自率领3个师徒步向亚历山大港进发。中午时分，法军以伤亡300人的代价占领了亚历山大港。

占领亚历山大港后，拿破仑用阿拉伯文向当地居民发布公告："我是来恢复你们的权利和惩罚那些篡夺者的……我比马穆鲁克（阿拉伯奴隶兵，对君主的忠诚度很高）更尊敬真主，尊敬先知和《古兰经》……”

在公告中他声称，法国军队会尊重埃及的宗教、宗教领袖和寺院；法国人不是来打埃及人民的，而是来打击压迫他们的统治者的。

7月8日，克莱贝尔奉拿破仑的命令成为当地和全省司令官，并率约9000名卫戍士兵留守亚历山大港。而拿破仑则把剩下的大约2.4万名士兵分成5个师，开始向开罗进军。

去往开罗，需要跨越一望无际的大沙漠。而7月正是沙漠上最难熬的季节——白天骄阳似火，夜晚异常寒冷。在这样恶劣的条件下行军，其困难程度可想而知。阿拉伯人还动不动就出来捣乱，让军士们叫苦不迭。但是在拿破仑的心里，这些都不算什么，他一心只想把这场战争进行到底。

7月20日傍晚，这段艰辛的行程终于结束了，因为拿破仑带领他的远征军抵达了离开罗不远的尼罗河分汊处。在那里，拿破仑发现马穆鲁克骑兵早已在尼罗河两岸严阵以待。左岸是穆拉德贝伊军，右岸是易卜拉欣贝伊军。一场著名的金字塔大战开始了。

仔细观察对方阵形后，拿破仑对各师下达了具体作战方案：每个师组成一个方阵，5个师面向敌军“一”字形排开，形成一道“不可逾越的刺刀的城墙”。

第二天中午，随着军号的吹响，法军德塞师首先向前缓缓移动，接着其他师也开始前进。半下午，数万名马穆鲁克骑兵发出狂野的呼喊，如恶虎一般猛扑向法军方阵。法军布防成 6 个纵深的方阵，却不发一颗子弹。当马穆鲁克骑兵冲到离法军仅 500 米远时，精心布阵的法军用枪炮给予他们致命的打击，成片的骑兵被击倒。不过几分钟，马穆鲁克骑兵已死伤无数。少数骑兵冲得较快，奋不顾身地突入法军方阵，砍倒了几个法军士兵，但随后也都丧命于法军的刺刀下。残存的马穆鲁克骑兵不得不后撤。

拿破仑乘势挥军前进，中央的德塞师截断敌人退路。左翼法军突入敌人的步兵军团阵地，越过敌军防线，夺取了敌人的 60 多门大炮。右翼的法军也击溃了部落兵，缴获了数百头骆驼。慌不择路的部落兵接二连三地跳入尼罗河中，约 1500 人被溺死。来不及跳河的部落兵均遭法军杀戮，尼罗河水被鲜血染成了红色。如同贝尔蒂埃所说，“这是一场可怕的大屠杀”。敌人的步兵军团见大势已去，仓皇撤往叙利亚。

战斗很快就结束了。惊慌失措的穆拉德贝伊带着残存的骑兵朝南边的吉萨金字塔逃去，很快就消失得无影无踪。

穆拉德贝伊逃走后，开罗城里没有反抗能力的居民在沉默中迎接了征服者。接受开罗归降后，胜利而疲惫的拿破仑签发了《告开罗人民书》。

他告诉开罗人民自己是“来摧毁马穆鲁克”，并保护埃及人和他们的贸易的。“不用担心你们的家庭、住宅和财产，特别是你们信奉先知的宗教信仰，这一切将受到我的尊重。”他坚持宣称：“法国人是来拯救埃及人，而不是来毁灭埃及人的。”与此同时，他下令军队进驻开罗城。

开罗城里有大量财物，但是这一次拿破仑没有放纵自己的军队做出格的事。他发布了多道命令，号召法军严格遵守军纪，尊重伊斯兰教的信仰和当地的风俗习惯，不得骚扰清真寺和当地妇女等。

拿破仑还沉浸在胜利的喜悦中，突然得到一个令人沮丧的消息——护送他们来埃及的法国舰队遭到英国海军的袭击，几乎全军覆没。

原来，纳尔逊发现自己判断错误后，立即掉转船头尾随法国舰队而来。他夹攻了拿破仑留在亚历山大港的舰队。法军舰队除了两艘主力舰和两艘巡洋舰得以逃脱外，其余舰只均已丧失行动能力。

拿破仑海上的退路被英国海军截断了，他和远征军被困在沙漠中。刚听到这个消息时，拿破仑很生气，但不久他就恢复了镇静。既然已经损失了舰队，那么必须迅速在埃及站稳脚跟，因为他还要在此地待相当长的时间。于是，他毫不迟疑地发出一道道命令和指示。为了确立法国对埃及的绝对统治地位，拿破仑对一切胆敢与法国作对的人绝不手软。

土耳其得知自己的领地埃及被法国人占领的消息后，十分恼怒。9月，苏丹派兵朝埃及进发，向法国宣战。次年2月，拿破仑留下狄舍将军留守埃及，自己则率 1 万多人向叙利亚进军，迎击土耳其军队。

在沙漠行军、作战，不仅环境恶劣，而且补给严重不足，因此军士们怨声载道。不过好在他们遇到的对手都非常软弱，他们基本没遇到什么抵抗就攻占了很多地方。

3 月初，法军包围了美丽的城镇雅法，3 天后便攻克了它。3 月底，法军包围了阿克尔城堡。阿克尔城堡位于三面环水的半岛上，规模并不大，却配备有新式武器。在这里，拿破仑遇到了前所未有的麻烦。

拿破仑打仗向来是速战速决，一击必胜。但是由于阿克尔的守将和一支英国海军联合起来，顽强抵抗，以致法军在围攻阿克尔城堡 2 个月的时间内猛攻了多次，均以失败告终。由于无法承受损失，拿破仑不得不放弃围攻阿克尔。

拿破仑至死都对没有攻陷阿克尔城堡感到遗憾，他曾在《圣赫勒拿岛回忆录》中说：“如果阿克尔城堡早日陷落，我当改变世界面目。东方的命运决定于那个小镇。”

5 月底，法军悄悄撤离了阿克尔城堡。法军经历 20 多天的艰难行军，终于回到开罗。

一个月后的一天傍晚，一名阿拉伯使者向拿破仑的住处奔来，他送来了驻扎在亚历山大港的马尔蒙将军的一份报告：土耳其军在英国舰队的保护下在阿布基尔登陆，1. 5万名敌军已经上岸。

这个消息对拿破仑来说，是个期待已久的机会。他迅速率领军队开往前线。7月底，拿破仑到达亚历山大港。他得知土耳其军没有骑兵，大炮也没有运上陆地，当即决定：由骑兵在清晨发起闪电袭击。拂晓时，缪拉率领一个骑兵旅奋勇冲杀，突破了敌方防线，砍伤并俘获了土耳其军司令。土耳其军顿时丧失了主心骨，被法军逼向海边，不多时被杀者或溺死者就有几千人。幸存者丢弃了他们携带上岸的一切东西，登上船舰，仓皇逃窜。

正在这时，拿破仑收到了来自法国的消息。

原来，这时法国国内局势急转直下。在莱茵河的法军被奥军和俄军击败了。法国人得知这一消息后，举国上下惊惶不安，一片混乱。这让拿破仑感到愤怒不已，他大吼道："一群笨蛋，意大利丢了！我的一切胜利果实都丢了！我们必须离开埃及。"危急时刻，拿破仑就以"祖国处于危险之中"这个借口，返回了法国。

为慎重起见，拿破仑不敢大张旗鼓地回国，否则途中说不定会遭遇什么意外。他先去开罗待了一周，然后带着一批精挑细选的将士，在夜幕的掩护下悄悄离开开罗，声称要去埃及各地考察，实际上却是登船沿尼罗河而下了。最终，拿破仑于10月在圣拉菲尔登岸。

法国人热烈欢迎了拿破仑的归来，因为他给大家带来的都是好消息——攻克马耳他、从异教徒手中夺取了开罗、打败土耳其军——拿破仑隐瞒了他遇到的那些挫折。显然，他这样做对自己是极其有利的，因为他的这些功绩足以为他回到巴黎扫清障碍。

于是，他决定当天晚上就回巴黎，开始他那孤注一掷的冒险事业。

冒险夺权

法国督政府腐败不堪，极度无能，很不得人心。法国民众希望一个有本事的人能够站出来，带领大家走出困境。拿破仑当这个带头人是很合适的，毕竟他的功勋摆在那里。而拿破仑也意识到了这一点，于是开始了紧锣密鼓的准备。

拿破仑抵达巴黎后，马上会见了督政官，之后便想办法在督政府里谋取一个席位。拿破仑分析后认为，在五位督政官中，有三个可以轻松搞定，另两个掌握实权者——西哀耶斯和巴拉斯则需要动用点手段。

一开始，拿破仑想除掉西哀耶斯，然后取而代之。但后来他发现，他要的是权力，西哀耶斯要的是新宪法，两个人都渴望政变，这是一个联手的契机。至于巴拉斯，以前和他的交情都不算什么，巴拉斯狡猾贪婪、挥霍无度、不管平民的生活疾苦，和他联手必定拖累自己。于是拿破仑毫不犹豫地把巴拉斯踢到了阵营外，暗地里和西哀耶斯达成协议，两个人算是联起手来。

这方面搞定之后，拿破仑还要赶快处理一下军权方面的事情，因为他放心不下督政府的现任陆军部部长贝尔纳多特将军。他是拿破仑一个潜在的敌人。拿破仑后来回忆说："贝尔纳多特胆大妄为，喜欢冒险，而且不喜欢我。我可以肯定他会反对我。他如果野心勃勃，会不顾一切的。更糟的是这个家伙精明强悍，不受任何引诱。"不管怎样，拿破仑最后还是想办法让贝尔纳多特将军保持了中立，这就足够了。

政变前的准备工作都做好以后，拿破仑便派出缪拉、拉纳和马尔蒙分别去通知各个部队的军官，贝尔蒂埃则负责通知参谋部。

这时候，拿破仑的弟弟吕西安掌握了五百人院。因为五百人院为了表示对拿破仑的敬意，选举他的弟弟吕西安为五百人院的议长。

共和历雾月 18 日（1799 年 11 月 9 日）凌晨，政变正按照拿破仑的计划进行着。拿破仑的支持者们都来到他的家里准备听从他的号令。

与此同时，在杜伊勒里宫举行的元老院会议上，一个议员按照之前拿破仑交代的说辞宣称：雅各宾派正在秘密计划颠覆共和国，为安全起见，应该把立法会议（五百人院的议会）的召开地点迁到圣克卢，并任命拿破仑为首都以及近郊武装部队的总司令。之前安插在五百人院中的吕西安这个时候发挥了重要作用，在他的干预下，这项提议得以通过。

很快，拿破仑在家里接到了元老院代表带来的任命书。拿破仑在一批威风凛凛的将领的簇拥下乘马车来到元老院，接管了集结在这附近的一支数万人的庞大军队。拿破仑接下来的目标就是督政府了。

巴拉斯也听闻了一些消息，但他一直以为自己和拿破仑还算是有些“交情”，拿破仑不会对自己怎样。但是，他迟迟等不来拿破仑给自己的任命。终于，着急的巴拉斯派秘书去找拿破仑，结果反而被拿破仑训斥了一通。看着窗外走过的一队队士兵，巴拉斯这个老政客一下子就明白了现在的真正局势，于是很识相地签下了辞职书，从此退出了政治舞台。

西哀耶斯与罗歇·迪科这两个督政官因为参与了政变，所以摇身一变，成为拿破仑的“自己人”。剩下的两个督政官见大势已去，也都宣布辞职。就这样，拿破仑兵不血刃地解散了督政府。

第二天清晨，拿破仑在巴黎和圣克卢之间早就部署好了军队。一切准备就绪，拿破仑在骑兵的保护下乘车来到了圣克卢。

五百人院中的许多代表都非常愤怒。任谁莫名其妙地被骗到一个陌生的地方，又被军队包围，脾气都不会好。

下午，两院会议召开了，商讨着有关成立新政府的事情。当天场面十分混乱，身着红袍的议员们情绪激动。时间一点一点地过去了，两院会议并没有什么实质性结果，反而是反对拿破仑的呼声越来越高。

在外等候的拿破仑见情况不妙，果断采取行动，闯进了元老院的会议大厅，宣称："你们是坐在火山口上！五百人院已经四分五裂了，现在一切全看你们的了。我的权力是由元老院授予的，你们必须采取行动，请你们快下命令吧！我在此地等候执行你们的决定。我到这里来就是为了保卫我们的自由……"拿破仑的话被愤怒的叫喊声打断了，见他把事情弄糟了，布列纳和贝尔蒂埃只得将他拉出了会议大厅。

走出元老院大厅后，拿破仑大步穿过花园，来到士兵面前。他还是更适合对士兵们说话，而不是面对那群老政客。他说："我们必须采取一切手段。"接着，他在几个炮兵的陪伴下前往五百人院会议大厅。

拿破仑拿着军帽和马鞭，带着他的士兵来到五百人院会议大厅。这种行为更加刺激了议员们，他们怒不可遏地喊叫："打倒强盗！打倒暴君！他违反了神圣的国家法律！宣布他不受法律保护！立即宣布他不受法律保护！……宪法万岁！"一群代表向拿破仑拥来，若干只手臂向他伸过来。有人拉住他的衣领，有人想扼住他的咽喉，还有人用手枪、匕首威胁他……炮兵推开议员，将拿破仑救了出来。

拿破仑再次来到花园里，此时的他已经血流满面了。看来，通过和平的政治手段是行不通的，他决定公开使用暴力，毫不犹豫地解散五百人院。

面对他的士兵们，拿破仑又发表了一次演说：“阴谋家聚集在五百人院，他们用手枪和匕首威胁我，实际上是在威胁共和国。士兵们，我能够把希望寄托在你们身上吗?”但是士兵们没有作出回应。

这时，吕西安帮了大忙，他跳上马背，对士兵们喊道：“议会的大多数人受到恐怖者（指雅各宾派成员）的威胁……你们必须将反叛者逐出议会，他们不再是人民的代表!”然后，他将剑指向拿破仑的心脏高声呼喊道：“如果我哥哥胆敢损害法国人的各项自由，我一定会把这剑插入他的胸膛!”接着，缪拉将军也舞着他的长剑，号召他们行动。直到这时，士兵们才打消疑虑，一致决定跟着拿破仑行动。

拿破仑下达了使用暴力的命令，缪拉率领炮兵跑步进入圣克卢宫。议员们朝不同的方向奔逃，但都被抓了回来。他们在刺刀的威逼下开了会，通过了解散议会的决定。随后，议员们都被释放了。整个过程花了不到 10 分钟。

晚上，在圣克卢宫的一个灯光暗淡的大厅里，元老院被迫通过了建立执政府的法令，把共和国的权力移交给 3 个执政，即拿破仑、西哀耶斯和罗歇·迪科。

一个多月后，拿破仑当选为法兰西共和国第一执政，成为实际上的独裁者。尽管拿破仑手握大权，但他的日子并不好过。首先，前督政府给他留下的是一个千疮百孔的烂摊子。其次，他这个善于行军打仗的将军并没有治理国家的经验和才能。好在拿破仑是一个勤奋好学的人，他愿意听取一些有经验的人士提出的意见，不过最后的决定权还是紧握在他自己手中。他曾说过："取得战斗胜利的人，不是提出好的建议的人，而是负责执行和下命令执行这个建议的人。"

在许多专业人士的支持下，拿破仑主持着改革。1800 年 2 月17 日，他下令取消了地方自治和选举制度，所有官吏都由政府委派，其中大部分省长由拿破仑直接任命。除此之外，拿破仑还进行了政治、经济、教育、司法、行政等方面的重大改革。当然这些改革基本上都是在专业人士的帮助下进行的。

在进行内政方面的改革的同时，拿破仑还面临着外忧的困扰，即第二次反法联盟。

拿破仑也意识到，这个时候的法国并不适合打仗，所以在他当上第一执政后不久，就给英王和奥皇发出私人函件，含蓄地表示希望能够和平地解决冲突，但均遭到拒绝。

1800 年 4 月，拿破仑发现了奥军的一个军事漏洞——奥军后方空虚。如果能够占领奥军后方的瑞士，就一定能够打击奥地利。

拿破仑立即出动 10 万大军吸引奥军注意力，另一方面他派出大部队从瑞士经大圣伯纳德山口进入意大利，从后方袭击奥地利的梅拉斯军队。法军夺取了奥军的各个仓库、医院，截断了梅拉斯和奥地利的联系，迫使梅拉斯在被动的状况下作战。

拿破仑安排好巴黎的工作后，于5月起程前往前线。拿破仑到达阿尔卑斯大圣伯纳德山后，用望远镜观察了阻挡在行军路上的坚固无比的圣巴德炮台。很快，他心中就有谱了。他指出了法军之前犯的一些错误，命令构筑一座新炮台，并标出一个点，叮嘱下属："往那儿发几炮，很快就能打败敌人。"说完，拿破仑就下山去了。在拿破仑的指点下，圣巴德炮台没过几天就被拿下了。

在两军对抗中，法军一开始处于上风。但后来，驻扎在亚历山大里亚的奥军倾巢出动，直扑法军阵地。奥军人数是法军的3倍，很快就把法军前卫逼退到马伦哥。

在马伦哥大会战中，虽然拿破仑亲自上阵了，但是双方兵力悬殊，法军明显处于下风。不过拿破仑一直没有放弃希望，就在他快要支持不住的时候，狄舍将军率领援军赶到了！拿破仑立刻联合援军，反退为进。狄舍一马当先，却不幸中弹牺牲。狄舍的死彻底激怒了法军，法军发起更猛烈的攻击。半小时后，奥军落败。

在马伦哥大会战中，法军损失惨重，最终却反败为胜。此次胜利，是拿破仑毕生最引以为傲的一次胜利，它保住了法国的革命政权。

拿破仑执政后，通过马伦哥大会战证明了自己在军事方面一如既往的威力。那么他的执政能力又怎么样呢？拿破仑为了加速国内经济的发展，大力提倡发展机器工业，并注重引进国外先进技术，投入巨额资金，兴修公路、铁路，并提倡发展商业贸易，建立大型博物馆及金碧辉煌的商店……在他的领导下，巴黎焕然一新，而且经济贸易跃上了新的台阶。

在这短短的半年当中，拿破仑奠定了自己的事业基础，开创了法国历史上一个崭新的里程。

加冕为帝

经过马伦哥一役，奥军实力大损，又经过几次交锋，奥军均落败。没办法，奥地利只得与法国缔结和约。英国方面见奥地利妥协了，于1802年3月同法国签订了《亚眠和约》。直到这个时候，战火才平息下来。拿破仑终于可以集中精力处理法国内政了。

拿破仑成功地挑拨了法国各个派系之间的矛盾。接着，他凭借着自己的威望，成为终身执政。他的权力得以扩大：他现在可以独自与其他国家缔结条约，独自任命有解散议会权力的参议员，并且有权任命他的继承人。当他将自己的权力与欧洲头戴皇（王）冠的其他国家首脑相比时，他用单纯的狡辩来安慰自己："从现在起，我和别的君王一样，他们也不过执政终身而已。"

拿破仑虽然能够自我安慰一番，但他毕竟是不满足的，他要追求最高的权力。他曾说过："我最爱的就是权力……虽然权力好像是自动送到我手上的，但我知道自己费了多少辛苦，历经了多少不眠之夜，经过了多少谋划，才得到它。"

有人支持拿破仑，当然也有人反对他，除了国外的那些势力，还有国内死灰复燃的保王党。保王党人在英国的暗中支持下，准备暗杀拿破仑，但走漏了消息。拿破仑化解了这个危险，并把它转换成机会——他把密谋者全部逮捕了，并且发誓要进行报复。

他抓了当甘公爵，并把他送上了断头台。事实上，当甘公爵纯粹是个替罪羊，拿破仑也知道这一点。但因为他身份特殊，是波旁家族的重要成员，也就是保王党要支持的对象，杀了他可以起到杀一儆百的作用。

杀死当甘公爵有两个大的影响：一方面引起了保王党人的仇恨，加速了新的反法联盟的建立；另一方面使得拿破仑决定建立世袭王朝，以一种更为明确的方式来巩固个人权威。

处决当甘公爵一周后，在拿破仑的暗中指使下，议员居雷向保民院提出议案，要把执政制共和国转变为帝国，给拿破仑加上皇帝尊号，拥有世袭权力。

不久，参议院议长康巴塞雷斯率全体议员前往杜伊勒里宫，向拿破仑宣读请愿书，恳请拿破仑巩固自己的事业，把终身执政之职变为世袭的皇位。

由于法国多数人拥护拿破仑成为皇帝，元老院正式批准

“法兰西共和国把全权委托给一个皇帝，他的称号是法兰西人的皇帝”。

1804年11月6日，公民投票通过《共和十二年宪法》，法兰西共和国改为法兰西帝国，拿破仑·波拿巴为法兰西人的皇帝，称拿破仑一世。

12月2日，35岁的拿破仑在巴黎圣母院举行了隆重的加冕仪式。

拿破仑身穿深红色天鹅绒长袍和金搭扣短外套，脚蹬高帮皮鞋，腰佩镶嵌璀璨宝石的宝剑，戴着雪白的手套，手持夏勒马涅的节杖和前波旁王室曾经用来象征权力的“正义之手”。当他出现在民众面前，巴黎民众发出了直冲云霄的欢呼声。

拿破仑和妻子约瑟芬走到祭台前，跪在跪凳上。教皇开始吟咏弥撒曲，并在拿破仑头、手臂和双手上施以涂油礼，整个气氛庄严神圣。正当教皇准备把皇冠戴到拿破仑头上时，拿破仑却伸出手来夺过皇冠自己戴到了头上。这一举动的意思是，自己的皇位是自己奋斗出来的，而不是别人授予的。接着，他拿起另一顶皇冠戴到了约瑟芬的头上。

拿破仑戴上教皇递过来的皇帝戒指后，宣誓即位：“我发誓，保卫帝国领土的完整；尊重并完善法律、信仰自由；尊重平等的权利、政治和民事的自由，以及国家财产的神圣不可侵犯；除了法律规定的捐税之外，一切其他苛捐杂税都将减免……以维护法国人民的利益、快乐和光荣为治国之本。”

宣誓之后，传令官大声宣布法兰西皇帝拿破仑正式登基。霎时，民众的欢呼声和礼炮的轰鸣声沸腾起来。就这样，法兰西第一帝国建立了。

12 月 3 日清晨，在雄伟壮丽的检阅台上，拿破仑一身戎装坐在宝座上。

随着一声令下，各路纵队向宝座靠拢。拿破仑起立，下令分发鹰旗，并向众军团发表了如下演说："士兵们，看看你们的旗帜吧！这些鹰旗所在之处永远是你们的集合地点。鹰旗永远在你们皇帝认为保卫他的宝座和他的子民所必需的地方，誓为保卫鹰旗而牺牲生命吧！誓为能够永远将鹰旗保持在胜利的道路上而鼓起勇气吧！”

接下来的10天，整个法国都沉浸在节日般的狂欢中。但当日子回归平静后，拿破仑不得不面对帝国出现的各种危机。很快，拿破仑再度风尘仆仆地赶赴海峡地带，亲自督察对英国作战的备战情况。

第三章

驰骋欧洲

挥军东进

三皇大会战

击败普鲁士

越战越勇

人民的反抗

称霸欧洲

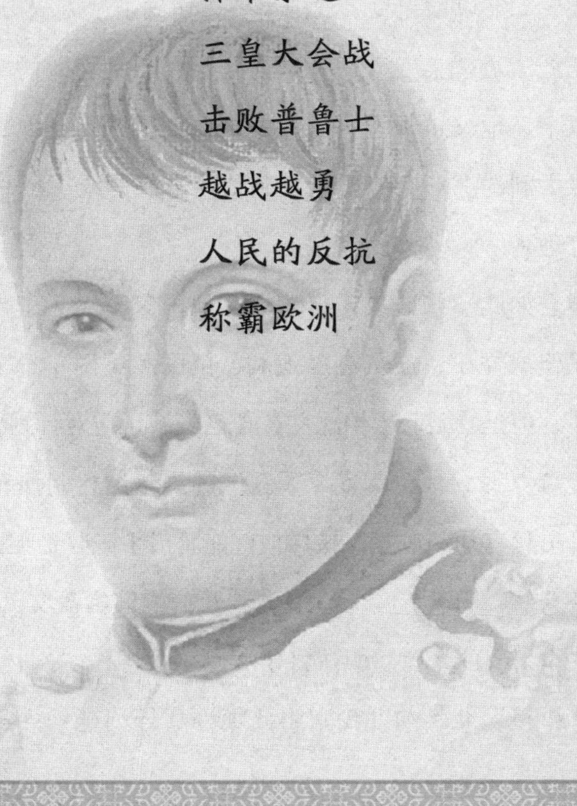

挥军东进

拿破仑如愿以偿当上了法国皇帝，达到了个人权力的巅峰。那么他从此就心满意足了吗？当然不会！不到半年的时间，在他的操纵下，他又被加冕为意大利的国王。当然，他可没时间去处理意大利的事务，他把意大利交给自己的继子欧仁·博阿尔内去打理了。

拿破仑如此嚣张跋扈，自然让其他国家不满。于是，第三次反法联盟成立了，成员有奥地利、俄国和英国。看来又要战火纷飞了，但是拿破仑不怕这些，他已经有了应对计划。

1805 年 7 月，他要负责海军舰队的维尔纳控制住布伦这个地方，哪怕只有几天也好，这样他就能腾出手来收拾英国。

拿破仑信心满满。8 月 13 日，他写信给贝尔蒂埃说：“告诉马尔蒙将军，我的费罗尔舰队将于 8 月 14 日开航。假使风向不利或海军将领畏缩不前，我则将此项作战计划延缓一年。我的意思是在他接获新命令之后，24小时内应下船并返回营地。然后，尽可能迅速和秘密地向梅因兹行军。我要在没有任何人知道以前，把3万人送到日耳曼的中心。”

然而令拿破仑没有想到的是，维尔纳遇到英国舰队后，只稍微抵抗了一下，就因为害怕而逃走了。正面的英国舰队还没有解决，背面的俄军和奥军就要会师了。这样一来，法军就要两面受敌，情况相当危急。

9月初，拿破仑收到了维尔纳送来的战报。拿破仑拆开报告，看了没一会儿便咆哮道：“什么海军！什么将领！一切牺牲都白费了！这简直就是叛变……维尔纳是个最坏的无赖。他可以为了保住自己的命不惜牺牲一切……不要再对我谈这件可耻的事情！绝不要再让我想起那个可悲的懦夫的存在！”

海上舰队的失败，让拿破仑的计划彻底破产了。

看着欧洲大陆越来越危急的形势，拿破仑决定先把英国搁一边，挥军东进，迎战奥军。在采取军事行动以前，拿破仑首先在外交上采取了一系列措施。他派宫廷大总管杜洛克将军前往柏林，同普鲁士国王签订了一项密约：普鲁士保证在未来的战役中持中立态度；作为交换条件，法国愿意割让汉诺威给普鲁士。

随后，拿破仑“御驾亲征”，挥军向东。9月底，拿破仑抵达斯特拉斯堡。此时，除奥热罗军外，其他各军均已抵达莱茵河前线。

联军方面，阿迪杰河一带有查理大公率领的近10万大军，莱茵河一线则有斐迪南大公率领的6万兵力，波兰和摩拉维亚有10万俄军赶来增援。奥地利的计划是由查理大公的军队对付拿破仑的意大利军团，由麦克指挥的奥军沿着多瑙河前进，阻止法军，并会同10万俄军侵入法国本土。

10月初，战斗打响了。很快，法军渡过了多瑙河，包抄了敌军的侧翼。在渡河过程中，法军不小心冒犯了中立的安斯巴赫公国。由于该国是普鲁士的领土，所以普鲁士国王非常恼火。在此情况下，拿破仑只好一再道歉，这才勉强使普鲁士没有与奥地利结成同盟。

不久，缪拉在多瑙河上的韦尔廷根一战中俘获了2000名奥军。紧接着，法军进入奥格斯堡和慕尼黑。随后，苏尔特率军攻打梅明根，大获全胜。至此，法军已稳固地横跨在奥军交通线上，取得了这次战役的主动权。

此时，奥地利将军麦克率领5万人在乌尔姆附近，而法国的大军就像大章鱼的触须一样从不同方位不断向他袭来。法军只有东北方向无人防守，那是因为缪拉未能严格执行拿破仑的命令导致的。

麦克于是准备从东北方向突围，他的一个参谋建议道：“我军应当固守阵地，拿破仑很快就会撤走，因为巴黎发生了反对拿破仑的起义。”说着他还拿出一张载有巴黎发生革命的报纸给麦克看。半信半疑的麦克这才下定决心坚守乌尔姆。然而这个参谋是拿破仑派到奥军内部的间谍，那张报纸也是由法军军营中的印刷机临时赶印出来的。

法国的内伊将军赶到乌尔姆，并把乌尔姆围得水泄不通。两天后，拿破仑炮轰乌尔姆，并招降麦克。麦克感受到了大炮的巨大威力，只好派莫里斯亲王前去谈判。经过 5 天的谈判，麦克终于投降了。

但是，拿破仑因乌尔姆之战胜利而愉悦的心情并没能保持多久，因为一天后他收到了维尔纳率领的舰队被英军全歼的消息，这简直太糟糕了。从此，法国海军一蹶不振，不能再对英国海岸构成威胁。

三皇大会战

乌尔姆之战后，俄军在库图佐夫将军的率领下，穿过奥地利，来到奥地利西部边界因河一带。这支部队原本没有什么战斗力，可是在收编了沿途败退下来的散兵游勇后，成为一支拥有5万兵力的强大队伍。另一方面，奥军也找到了一个有利地形，驻扎下来，准备阻拦法军。胜利的天平又开始向联军这边倾斜。

除此之外，法军还有新的麻烦。之前拿破仑的军队从普鲁士领土经过却未曾通报，虽然法国一方百般安抚，但是仍不能平息普鲁士国王威廉三世的怒火。作为报复，普鲁士国王和俄国沙皇亚历山大一世勾结上了。经过商量，普鲁士向拿破仑施压，要法军在一个月内撤出奥地利，否则等待法国的只能是大炮。

表面上法国还有一个月的时间撤退，实际上普鲁士已经聚集了十几万的兵力开向奥地利。拿破仑敏锐地察觉到了危机，并想到了解决办法——以迅雷不及掩耳之势击败俄军，只要联军的“老大”倒下就好办了。

11月中旬，有一支俄奥联军的残军放弃了奥地利首都维也纳，向北撤退。这是个好时机，拿破仑立刻下令迅速抢占维也纳，切断因河一线联军的退路，并将其围歼。

俄国将军库图佐夫也察觉到了形势的严峻性，于是在法军还没完全展开行动之前，就指挥俄军迅速撤离了因河防线，渡过了多瑙河，尔后继续向北撤退。为阻止法军追击，俄军撤退时，炸毁了多瑙河上几乎所有的桥梁。

拿破仑命令缪拉带领骑兵绕路前去追击俄军，自己则率军攻打奥军。奥军见俄军在撤退，士气受到了极大影响，跟法军打了没多久就开始四处逃散。

缪拉奉命带着骑兵去追赶俄军，一直追到维也纳的近郊。看着近在眼前的维也纳，缪拉忘记了拿破仑的命令，擅自做主，放弃追击溃逃的俄军，转而率军攻进了维也纳城。

拿破仑击败奥军后听到这个消息，立刻赶到了维也纳。他大骂缪拉。但是他再怎么骂，也无济于事了，只能立刻调整兵力，继续追击俄军。

法军很快开到了多瑙河北岸，这完全是库图佐夫没有想到的。现在，俄军随时都可能被赶来的法军包围。于是，库图佐夫下令让俄军继续撤退。而法军也继续追击围堵。

可是，这时缪拉又犯了一个错误。他率军追击俄军到达摩拉维亚西南20多公里的地方，遭到了俄军后卫部队的顽强抵抗。他认为跟俄军直接对抗有点冒险，于是在没有请示拿破仑的情况下，擅自对俄军后卫指挥官宣布休战，并允许俄军自由地向北撤退。俄军一听，当然高兴，于是安全地撤走了。

“我简直找不出话来表示我对你的不愉快。你只不过是我的一个前卫指挥官，你哪里有权力说休战！顺便跟那位在协议上签字的俄国将军说，他也无权这样做，只有沙皇签的才有效。”拿破仑得知缪拉放走俄军的消息后，在信中严厉责骂了他。

俄军退到了奥斯特里茨。与此同时，从俄国本土开来的另一支军队，在沙皇的亲自监督下也赶到了此地。从维也纳逃出来的奥皇弗兰西斯二世也随撤退的奥军到达了该城。这样，到11月下旬，俄、奥联军停止了撤退，占领了奥斯特里茨这个有利于防守的阵地。

拿破仑率军追赶，在离联军60多公里的地方停止前进。他在积极谋划下一步行动。拿破仑一方面抓紧时机调集兵力，另一方面做出惧怕联军的姿态，要求进行谈判。拿破仑的目的很明显，就是为了拖延时间，为自己的计划创造条件。

联军方面，以库图佐夫为代表的将领提出应继续撤退，拖延战局，等到普鲁士加入战争后，再以压倒性优势向法军发起猛烈进攻。而沙皇亚历山大一世却求战心切，尽管他对军事一窍不通，对拿破仑的军事才能更是一无所知。他认为己方兵力和法军相差不大，如果为了躲避拿破仑而在这里待上一个月，会让自己颜面无存；而法军在到达这里之前经过了长途跋涉，现在肯定已经疲惫不堪，所以这是个打败拿破仑的好时机，绝对不能错过。

联军内部的争执传到了拿破仑的耳朵里。通过分析，他觉得应该速战速决，不然等到普鲁士参战，自己还真吃不消。于是他决定采取欺敌措施，促使亚历山大一世这样的主战派在联军中占上风。为此，他命令部队佯装撤退，同时派出自己的侍从武官萨瓦金去谒见亚历山大一世，建议进行停战谈判。

联军对拿破仑示弱的做法甚是兴奋，于是欢呼声充满了俄军司令部。大家都认为应该趁此机会击败法军，不能放过拿破仑！这样一来，联军的主战派占了上风。亚历山大一世自然不会同意亲自与拿破仑进行会晤，只派了自己的侍卫长戈路柯夫公爵前往法军大本营进行象征性的谈判。

公爵的举止极为傲慢，态度也十分强硬，相比之下，拿破仑则装出一副不安而忧虑的样子。拖到最后，他才吞吞吐吐地拒绝了俄方提出的让他放弃意大利的条件。经过此番表演，拿破仑深信联军一定会掉进自己的圈套，决战即将到来。

公爵回去后兴奋地报告了他对拿破仑的印象——“黄毛小子”“轻浮之辈”。这让俄奥联军对自己的判断深信不疑，于是立即做出决定：向拿破仑进攻，把他彻底击垮。联军认为拿破仑此时必定会急于退回维也纳，因而决定盯住法军的左翼，而主力部队则进入西南向的利塔瓦河谷，迂回到拿破仑的右翼，切断它同维也纳的交通线，并把它逼到山谷中加以歼灭。

12 月 1 日，联军到达战场，迅速占领了普拉岑高地，并做好了全面进攻的准备。

法军方面，拿破仑把所有能够调拢来的部队全都集中起来，法军的可用兵力一下子达到了 7 万人，同时拥有 250 门火炮。

就在大战即将开始的前一天，拿破仑对军队发表了慷慨激昂的演讲。他说："军人们，面对着你们的俄军想要替乌尔姆报仇。他们也是你们曾经击败过的军队。我们所占的阵地极为坚固。当敌军想迂回到我们的右翼时，他们自己的侧面也就会暴露在我们的面前……这次胜利将结束我们的战役，之后我们就可以安心过冬，并接受从本国送来的增援。此后即可以获得有利于我们的人民包括你们和我在内的和平。"

第二天凌晨，联军开始大包围行动，一开始拿下了位于哥尔德巴赫河东岸的特尔尼兹村，进入西岸的佐克尔尼兹村，迫使法军逐渐向后撤退。

为了稳定防御阵势，同时扩大战果，拿破仑命令一支法军从西南方向突击敌人的左侧后方。由于法军新加入的队伍突然而猛烈的反击，已经渡过哥尔德巴赫河的联军被迫向河的东岸撤退。见情况不妙，亚历山大一世赶紧命令占领普拉岑高地的部队放弃阵地，前去增援南翼的联军。

上午，浓雾渐渐散开，阳光照耀在士兵们的刺刀上，闪闪发光。拿破仑见普拉岑高地几乎已无俄军防守，立刻意识到敌人犯了严重错误。于是他命令两个师赶快前去占领高地。这两个师轻而易举地完成了任务，从而将敌人切成了两段。

联军的一支纵队在行军中受到侧面攻击，秩序大乱，四下溃逃。亚历山大一世、库图佐夫以及司令部都跟在这支纵队后面，因而失去了对联军的控制。到这时，亚历山大一世才知道自己决策错误，便把决策权交给了库图佐夫。库图佐夫命令手下精锐部队进行一次反扑，企图重新夺回普拉岑高地。

这样一来，俄军和法军在高地附近展开了激烈的争夺战。双方的骑兵进行了猛烈的冲杀。在反复争夺中，俄军曾经一度重新登上高地，但由于法国的轻骑兵及时赶到，俄军又被迫退了下来。俄军决定再次集中兵力进行猛攻。就在法军快要抵挡不住时，贝尔蒂埃率领一部分重骑兵赶到，并且从俄军的侧翼猛冲过来，致使俄军阵脚大乱。

这时，谁胜谁负已经显而易见了。整个联军的溃败势不可挡，就连弗兰西斯二世和亚历山大一世的侍从人员也都顾不上皇帝的安危，各自逃命去了。不过两个皇帝的运气还算不错，他们最终侥幸逃出了法军的包围。在激战中，联军总司令库图佐夫负了伤，差一点当了法军的俘虏。

下午，战斗结束了，拿破仑策马巡视战场。奥斯特里茨战役以法军的胜利告终。这是拿破仑一生中最著名和最辉煌的一次战争。这一仗，俄、奥联军死伤 2.7 万人，损失大炮 155 门。

至此，俄、奥联军事实上已经不存在了。

第二天，拿破仑来到部队，对所有人说道：“士兵们，我对你们表示满意。在奥斯特里茨的一天中，你们完成了我要求你们以果敢精神去完成的一切。不朽的光荣归于你们，我的雄鹰们。俄、奥皇帝指挥下的军队，在几个小时里就被打得落花流水！……士兵们，当保证我国的繁荣昌盛所需的一切都已完成时，我将带领你们回到法国，在那里我将尽我所能保护你们的利益。我的人民一定会兴高采烈地和你们相见。你们只要说‘我参加了奥斯特里茨战役’，他们就会说‘好一个勇士啊’！”

迫于眼前形势，奥皇弗兰西斯二世派使节前来请求与拿破仑议和。拿破仑同意了。

12 月 4 日，拿破仑在卫队的簇拥下来到会晤地点——距奥斯特里茨约 3 公里的一间磨坊里。奥皇乘坐着有篷轻便马车来到这里。拿破仑一看见奥皇，立刻下马亲自迎接他，拥抱他，给予他很高的礼遇。拿破仑同意了奥皇提出的休战请求，但交换条件是，让所有俄军撤出奥地利，退回波兰。等俄军一撤退，法、奥立即签订了《普莱斯堡和约》。和约规定，奥地利对法国的占领地皮埃蒙特、热那亚、巴马等意大利地区予以认可；承认拿破仑为意大利国王，并将威尼斯、伊斯特利亚、达尔马提亚交给意大利王国来管理；承认巴伐利亚和符腾堡为王国、巴登为公国。

很快，普鲁士国王的使节也来了。面对打了胜仗的拿破仑，普鲁士国王识时务地收起了最后通牒，笑着拜会拿破仑，并对他表示热烈祝贺。拿破仑表示普鲁士曾经让他难堪，如果普鲁士现在不做出一点“友好”的表示，一场“风暴”将袭击普鲁士。使节知道此一时彼一时，所以没等到君主授权，就擅自同拿破仑签署了一项条约。条约规定，普鲁士必须与法国结盟，并关闭一切对英国开放的港口。另外，普鲁士还要用巴洛特和安斯巴赫两个侯国来交换法国的汉诺威。普鲁士国王知道以拿破仑现在的实力，想踏平他的国家简直易如反掌。所以，当使节告诉他已经和拿破仑签订了这一条约时，普鲁士国王不但没责怪他，反而赏赐了他。

奥斯特里茨战役被世人称为“三皇大会战”。但无论是在军事方面，还是在政治方面，法国皇帝拿破仑显然都凌驾于另两位皇帝之上。

击败普鲁士

大获全胜的拿破仑一回到巴黎，立刻受到了群众狂热的追捧。几天后的一个消息更是锦上添花——英国首相威廉·皮特去世了。这个死对头死去后，英国的态度发生了很大的转变——以前是强硬地反法，现在倒希望同法国和谈了。

拿破仑也非常愿意和谈，并向英国代表许诺，只要英国接受他的条件，他可以把汉诺威还给英国。拿破仑似乎忘记了，在奥斯特里茨战役后，他已经把汉诺威许诺给了普鲁士。这下可捅了马蜂窝，普鲁士表示很愤怒，扬言要让法国付出惨痛的代价。

为了巩固对德意志西部和中部部分地区的统治，拿破仑建立了莱茵同盟。参加同盟的各邦均宣布脱离神圣罗马帝国，支持拿破仑。此外，拿破仑动用权力让哥哥约瑟夫当上了那不勒斯国王，让弟弟路易当上了荷兰国王。

欧洲各国难以忍受拿破仑这些举动，于是针对法国展开了新的行动。首先是俄国沙皇拒绝与法国媾和，英、俄又同普鲁士恢复了谈判，瑞典后来也加入了谈判。这样，到了 1806 年 9 月，英国、俄国、普鲁士、瑞典四国组成了第四次反法联盟。

特别是普鲁士的军官们，他们丝毫没有考虑到自己完全不是法军的对手，一心只想着对侮辱自己祖国的法国进行报复。普鲁士的军队行动起来，途经柏林和马格德堡，向西边开去。普鲁士国王和王后检阅了集中在马格德堡及其西部的军队。

普军想要打倒拿破仑的愿望是强烈的，不过他们的领军人物却尽是些昏庸无能的老家伙。他们战术思想非常保守，致使队形僵硬，行动迟缓。所有这些，其实已预先决定了这场大战的胜负。

拿破仑也已经等不及要和普军作战了，于是命令大军朝东北方向的耶拿、瑙姆堡和莱比锡推进，主动去进攻普军。10 月 8 日，缪拉的前卫在霍夫遇上了普军陶恩齐恩率领的萨克森步兵师。法国骑兵如旋风一般向敌人卷去，萨克森士兵哪里见过如此强大的阵势，没多久便仓皇北退。萨克森师刚退到希莱兹，又碰上了法军贝尔纳多特的前卫部队。萨克森师腹背受敌，损失惨重。

两天后，拉纳的第五军团抵达萨尔弗尔德城，城中的路德威格亲王率领 8000 余人迎战。亲王在肉搏战中死于法军的刺刀下，其部下逃往布伦瑞克公爵守护的魏玛或霍恩洛厄亲王守护的耶拿。布伦瑞克公爵决定向符兹堡前进。

仅仅几天时间，法军就使得普军连连大败。这让普军指挥官布伦瑞克非常惊慌，而路德威格亲王的阵亡给整个大军都罩上了一片愁云。这时布伦瑞克猛然发现自己犯了一个严重错误：向符兹堡前进，恰好使自己的左面和后方暴露在法军的优势兵力之下。于是，他决定立即退到马格德堡和易北河谷，以便掩护其与柏林之间的交通线。

10 月 9 日晚上，拿破仑接到法军右翼将领苏尔特送回的一个情报，说敌军正在从皮劳恩退向吉拉。拿破仑断定敌军主力会集中在此地，并准备在此地进行大会战。当日午夜，拿破仑又接到缪拉的一个报告。原来，据在格拉以北抓获的俘虏称，普鲁士国王在爱尔福特有 20 万兵力。这种言过其实的说法从所截获的敌方往来信件中得到了部分证实。根据敌情，拿破仑分

别给拉纳和缪拉两位长官去了信。

在致拉纳的信中，他写道："所有截获的信件都表明，敌人已晕头转向。他们昼夜磋商，不知如何是好。你应看出我军业已集中，且封锁了前往德累斯顿和柏林的道路。现在要做的就是碰见敌人就打，以求各个击破正试图集中的敌人。"

在给缪拉的信中，他写道："今天中午以前我将赶到格拉。你从我军的态势可以看出，我正在对敌实施彻底包围，但我必须获得有关敌人的情报。察茨的邮局也许可以向你提供若干情报。在前进中，你要大胆进攻所遇之敌。达武元帅正带领其他所有的骑兵直奔瑙姆堡。有骑兵相助，你必将横扫整个莱比锡平原。"

拿破仑非常自信，他还写信给外交部部长塔列朗说："这里的事态发展，每一个步骤、每一件事情都和我两个月前在巴黎所作的估计毫无二致……我深信普军绝无幸免的机会。"

面对法军的实力，普军于10月13日清晨召开军事会议，决定不与耶拿附近的法军交战，而是转向北方。此决定无异于临阵逃跑，导致普军士气极为低落。而拿破仑对此毫无察觉，仍期望在16日前与普军决战。

13日当天，大量的报告送到拿破仑手上，他立即下达了一连串命令，准备渡过萨勒河，前去攻击正集中在魏玛和爱尔福特之间的普军主力。同时，拿破仑还命贝尔纳多特军和达武军听到耶拿的炮声后，立即攻击普军左翼。下午，法军占领了耶拿城，并将 1.2 万敌军赶向魏玛。

当拿破仑得知有 3 万敌军驻扎在耶拿西边的魏玛大道上后，兴奋不已，他断言一场己方与敌军主力的大会战即将开始。拿破仑立刻赶到耶拿，徒步登上耶拿城西北的兰德拉芬高地，仔细观察了敌军前哨所扼守的阵地，决定将仍然处于魏玛和耶拿附近的普军主力一网打尽。他命拉纳守住这块高地，以掩护耶拿附近萨勒河上的渡口。

当天夜间，浓雾笼罩着大地，同时也遮掩着法军，让他们神不知鬼不觉地沿着狭窄弯曲的小路调集兵力。此时，普军在魏玛、耶拿一带已经集结了 18 万兵力，远多于法军。然而，大战即将来临，普军的作战计划仍没有确定下来，因此丧失了宝贵的战机和时间。而法军得以集结更多的兵力，形成对普军的包围之势。

第二天拂晓，大雾弥漫，拉纳开始进攻。拿破仑万万没有想到，此时他们面对的只是担任后卫的霍恩洛厄军团，普军主力早已悄悄北撤了。法军一开始就占了上风，霍恩洛厄的几个师遭到沉重的打击。霍恩洛厄见形势危急，急忙派人向魏玛的吕歇尔军求援。吕歇尔军距此地仅 10 公里，但一直不见踪影。拉纳军继续攻击。在法军发动进攻的两小时里，普军损失十分惨重。

到中午，法军在前线聚集了足够的兵力。拿破仑意识到是时候发起总攻了。他立即将预备队、近卫军和骑兵全部投入战斗，向早已军心动摇的普军猛扑过去。普军抵挡不住，沿着山坡溃逃。法军穷追猛打，普军死伤无数。

这时，霍恩洛厄亲王还抱着一线希望：如果援军能够马上到来，就不会全军覆没。然而，吕歇尔将军并没有料到形势的危急程度。他接到求援信后，将队伍排列整齐，不慌不忙地赶来救援。直到半下午，其先头部队才与法军相遇。

普军排着整齐的队形，迈着方步，刚刚靠近法军，还没来得及摆开战斗架势，就被蜂拥而至的法军打得无法招架。十几分钟后，普军损失的兵力就在一半以上。幸存的普军纷纷掉头朝魏玛方向逃跑。在法军骑兵的追击之下，吕歇尔身负重伤，几乎丧命。

法军已经基本上掌控了耶拿战役中的主动权。很快，缪拉在通往魏玛的路上追击普军，奥热罗的军团紧随其后。溃逃的普军大都命丧黄泉。苏尔特则将普军的残部全部歼灭。

拿破仑回到耶拿时，第三军一个名叫明托布里安的上尉已在那等候多时。他向拿破仑报告说，第三军在奥尔斯塔特击败了由布伦瑞克指挥的普军主力 5 万人，其中包括普鲁士国王、王后和他们的大本营。直到这时，拿破仑才知道他在耶拿战役中遇到的根本就不是普军的主力。

原来，10 月 14 日凌晨，第三军的达武将军在瑙姆堡接到命令，从瑙姆堡向阿波尔前进并包围敌军左翼。几个小时后，达武的先头部队抵达奥尔斯塔特东北的汉森豪森村，浓雾之中，正好遇上普军主力的前卫。两军对峙，达武陷入了敌方的重围之中，处境十分危险。幸好普军仍拘泥于横队密集型的“线式战术”，呆板的方阵很快就遭到法军灵活机动的火力冲击。普军总司令见法军顽强抵抗，亲率一团榴弹兵冲锋，不想却被弹丸击中双眼，被抬出战场。普军失去主帅，阵线很快崩溃，普王只得下令向魏玛方向撤退，准备与霍恩洛厄、吕歇尔两军会合，准备次日再战。撤退途中，普王正好与耶拿战场上溃逃下来的残兵败将相遇。两股败军合在一起，形成一股混乱的人流，而在他们身后，是紧追不舍的法军。至此，普军几乎全军覆没，普王仓皇逃命。

法军在耶拿和奥尔斯塔特两大战役中大获全胜，普军则几乎全军覆没。达武以 2 万人的劣势兵力击败了 5 万人的普军主力，消灭普军 1 万多人，击伤数千人，俘虏数千人，缴获大炮 115 门，在法国军事历史上留下了浓墨重彩的一笔。

对于达武的英勇，拿破仑称赞不已：“达武元帅的军团创造了一个奇迹。这位元帅表现了他卓越的勇敢和坚定的性格，这是作为一名武将所必不可少的。”

拿破仑大获全胜，但他并不急着班师回朝。现在，他已经控制了德国大部分地区。不久，他占领普鲁士首都柏林，使得普鲁士名存实亡，第四次反法联盟开始瓦解。

相比之下，战败的普鲁士国王、王后则非常凄惨。他们带着残余部下隐藏在普鲁士王国边境的小城美默尔。普王没想到自己这么快就输给了拿破仑，而且输得这么惨。优柔寡断的他又写信提议休战。拿破仑回答说："你不觉得晚了吗？不过，还好，我同意你的请求。"

法国是战胜国，于是拿破仑提出了一系列苛刻的条件：将易北河以西的地方全部割让给法国，普鲁士赔偿军费 1 亿法郎，承认萨克森及易北河以西的德意志诸邦加入"莱茵同盟"，普鲁士还要将华沙、波森交还给法国。尽管拿破仑欺人太甚，但作为战败一方的普王已经别无选择，只能同意。

越战越勇

拿破仑的海军败给了英国，因此他无法从海上打赢英国。但是他并不甘心，现在征服英国便成了拿破仑的梦想。为了征服英国，拿破仑想出了一个好办法——向英国关闭所有欧洲大陆的港口。

1806 年 11 月，拿破仑在柏林颁布了著名的“大陆封锁令”，强迫整个欧洲大陆国家和法国一起，不买、不用英国货，也不卖任何货物给英国，否则就是对他的背叛。处于拿破仑管制下的国家不得不遵从这项命令，这使得英国陷入孤立之中。

在拿破仑的意识中，既然他的武力无法踏足英国，那么英国也将无法踏足欧洲大陆！

但是英国也不是吃素的，没过几个月，就宣布封锁法国及其盟国的海岸。这一招很厉害，英国将影响的范围扩大，导致一些中立国家也受到牵连。时间长了，大家缺衣少食的，都受不了，于是将怒火对准了始作俑者——法国。

与此同时，英国还找到俄国，提出由英国提供资金，一起去攻打法国。之后，英国又找到奥地利，提出了同样的提议。只是，在奥斯特里茨战役中，奥地利被拿破仑打怕了，况且普鲁士的毁灭对他们而言是个好消息，因为他们还记得普鲁士在1805年没有参加第三次反法联盟而导致了奥军的失败。但是，国家与国家之间没有绝对的恩怨，只有永恒的利益。于是，在深思熟虑之后，原本犹豫不决的奥地利答应了英国的提议。

天下没有不透风的墙，英、俄谈判的消息很快被拿破仑知晓。拿破仑说：“我们迟早是要和俄国决一雌雄的。俄国是依靠英国的，因此我们必须征服俄国军队。”于是他征召军队，准备将俄国军队消灭在西进途中。

当时波兰的大部分地区被俄国统治着，拿破仑借助这一点，说服波兰投靠法国，以摆脱俄国的控制，成为一个独立的国家。实际上，拿破仑只不过是想利用波兰，因为它是俄军西进的必经之路。1806年12月，拿破仑将军队开进了波兰华沙，并在这里和俄军发生了多次冲突，双方均伤亡惨重。

1807年1月，拿破仑将法军分成左、中、右三路，渡过维斯瓦河，向俄军发起全面进攻。两军在普尔土斯克和戈维明的初次交锋中未分胜负。但是，真正的战役还在后面。拿破仑决定让军队就地宿营过冬，等待春天冰雪消融。

这时，一个意外事件打乱了拿破仑的宿营计划。原来，法军中内伊的部队按照要求在一个荒野上宿营，但内伊觉得部队的补给不够，就擅自决定去突袭北面较为富饶的地区，以获取更多的给养。这个行动让俄军的本尼格森将军认为法军有什么阴谋，于是立即率领 6 万多人向西前进，企图将内伊赶过维斯瓦河。

俄军发起迅速进攻，两天后居然严重威胁到法军左翼和一个叫作托伦的地方，它是法军一个重要的补给基地。拿破仑对内伊惹出的麻烦感到十分恼火，但是他同时发现，俄军西进已使其左翼暴露在南来的法军攻击范围之内。两天后，拿破仑决定主动出击。

尽管天空下着鹅毛大雪，但法军仍然飞速前行。1 月底，法军从华沙出发，一路风驰电掣，很快到达了预定的集结地点，准备对俄军发起攻击。

在这紧要关头，法军的信使被俄军抓住了，于是拿破仑的作战计划全部曝光。俄军指挥官本尼格森当机立断，迅速率领部队朝东北方向哥尼斯堡撤退。拿破仑见俄军想溜，立即命令部队向北追击。贝尔纳多特因为没有接到拿破仑的命令，留在原地没有行动，这给法军带来了严重的损失。

2 月初，两支法军终于在艾劳城追上了俄军后卫，战斗打响了。刚开始这只不过是一场小规模的前哨冲突，但随着其他人马的加入，战争升级为一场腥风血雨的全面大战。战场上，大炮轰鸣，火光映红了夜空。双方伤亡十分惨重。俄军先抵挡不住，趁着夜色放弃了艾劳城。

第二天清晨，炮火声又响了起来。奥热罗一马当先，率军向敌军阵地冲去。突然间，狂风裹着暴雪向法军迎面袭来，法军士兵几乎睁不开眼睛，根本找不到射击的目标。而此时的俄军处于顺风位置，他们把火炮架在山岗上，居高临下地对在风雪中迷失方向的法军实施猛烈的轰击。法军士兵一批批地倒下，奥热罗也受了轻伤，这支部队败下阵来了。俄军乘势收复了艾劳城。

没过多久，拿破仑从近卫军中调去一个营的兵力又把俄军逐出了艾劳城。双方殊死争夺，都死伤惨重。最后，法军将领达武率军到来，使得法军又占了上风。俄军不得不向柯尼斯堡撤去。

艾劳一战，俄、法两败俱伤，损失惨重。事实上，法军的伤亡更大一些，但拿破仑还是将这场战役视为法军的胜利。在“胜利公告”中，拿破仑称法军死伤 7600 人，可是实际上，仅奥热罗一个军团就损失了 1.2 万人。这是拿破仑第一次不能在战争后带回敌人的俘虏、军旗和大炮，因此在艾劳的这一战，法国人根本没有什么胜利可言。

法军按照拿破仑的命令，向西南撤了几十公里，准备在帕萨尔格河西岸补充给养，并宿营过冬。经过几个月的休整，恢复元气的法军来到东普鲁士的西南角。这时，俄军慢慢地跟了上来，两军又在帕萨尔格河上对峙起来。

过了一段时间，俄军坐不住了，首先对法军发起进攻，逼得内伊的第六军一路撤退。拿破仑得到消息后，立即命第一军、第三军、第四军、第五军和第八军迅速发动反攻。俄军在来势汹汹的法军的打击下，被迫退进海尔斯堡要塞。

6月中旬，拿破仑与本尼格森率领的俄军在海尔斯堡相遇，打得难解难分。正在这个关键时刻，法第三、第四两军从俄军右翼向其侧后迂回。俄军见状，慌了神，便主动放弃海尔斯堡，朝哥尼斯堡退却。法军旋即开始追击，几天后，法军回到了艾劳城附近。

紧接着，法军第五军团赶到弗里德兰，这时俄军也已到达。拉纳立即抢占了有利地形，架好火炮进行射击，阻止正准备渡河的俄军。

战斗进行到傍晚时分，拿破仑率军赶到。拿破仑一面兵分三路包围了弗里德兰阵地，一面调集炮火向集中在阿勒河湾的俄军猛烈轰击。俄军溃败，幸存者朝北仓皇逃跑，法军随后追击。这次法军只伤亡了8000人，损失较小；而俄军死伤高达2万人，本尼格森的败局已定。弗里德兰大捷是拿破仑极其辉煌的军事成就之一。

面对无法挽回的局面，本尼格森只得请求休战。拿破仑立即接受了本尼格森的休战建议，因为他无意也无力深入俄国腹地。

法皇拿破仑一世和沙皇亚历山大一世的会晤最后定在俄国

西部边界涅曼河的一只船上举行。在会谈中，拿破仑想方设法打动亚历山大一世，抨击英国是欧洲一切纠纷的制造者，并以他拉丁人奔放的想象力使亚历山大一世神魂颠倒。经过十几天的谈判，双方于1807年7月7日签订了《提尔西特和约》。

两个大国重新瓜分了欧洲，并成为欧洲无可争议的主宰。根据和约，俄国不仅没有失去任何领土，还得到了前盟国普鲁士的波兰领土比亚威斯托克地区，并获得了在瑞士和土耳其行动的权利。和约还规定，亚历山大一世承认莱茵同盟，承认拿破仑的哥哥约瑟夫为那不勒斯国王、弟弟路易为荷兰国王、弟弟热罗姆为威斯特伐利亚国王，承认拿破仑对爱奥尼亚群岛7个岛屿的主权。

同时，两国还签订了《法俄同盟条约》，保证在一切战争中采取一致行动，并保证为此动用自己的全部兵力，不单独进行媾和谈判。条约规定，如果英国不接受俄国的调停，则俄国应断绝与英国的外交关系，并参加欧洲大陆的封锁体系。此外，俄国有义务建议奥地利、瑞典、葡萄牙和丹麦四国加入对英战争。如果任何一国拒绝，则俄国将对其宣战。拿破仑也向俄国保证，一旦土耳其拒绝调停或满3个月后，俄、土谈判得不到满意的结果，法、俄将对土耳其采取共同行动。

很快，法国也和普鲁士签订了《提尔西特和约》。这个和约对普鲁士是极其苛刻的。根据和约，普鲁士仅仅留下了“旧普鲁士”、波美拉尼亚、勃兰登堡和西里西亚4个省，其余领土均遭割让。普鲁士的领土变得支离破碎，面积仅相当于萨克森王国。和约中还特别指出，拿破仑之所以将上述 4 个省归还给普鲁士，是出于对俄国皇帝的尊敬。从此，普鲁士已失去了强国的地位，沦为德意志的一个小邦。和约还责成普鲁士将军队裁减到 4 万人，并偿付法国 1 亿法郎的赔款。

《提尔西特和约》的签订，宣告了第四次反法联盟的彻底失败。

人民的反抗

接下来，拿破仑的目标就是整个欧洲。现在，拦在他面前的敌人就剩下英国了。

拿破仑的大陆封锁令虽然惹得欧洲各国很不满，但迫于拿破仑的威力，都不得不在表面上暂时顺从他。但是，有个地方却让拿破仑很不放心，那就是伊比利亚半岛。因为这个地方的海岸线很长，以法国当时的海上力量很难控制它。

法国控制不了，但英国控制得了，因为当时英国的海军是非常强大的。由于经常有贸易往来，伊比利亚半岛上的西班牙和葡萄牙两国自然和英国亲近些。岛上的居民从一开始就对大陆封锁令阳奉阴违，时间长了，拿破仑自然看出来一些端倪，于是在《提尔西特和约》签订三个星期后，他就决心征服伊比利亚半岛。然而，全面征服西班牙和葡萄牙是极其荒谬的决定，这一决定正是拿破仑政府垮台的开始。

最先倒霉的是葡萄牙。除了武力之外，拿破仑还利用上了外交手段。他首先同西班牙的首相戈多伊进行谈判。戈多伊这个自私兼短视的家伙，在听见两国可以共同分享葡萄牙，其中一部分会奖赏给他个人这样优渥的条件后，便允许法军拥有通过西班牙领土的权力。

而后，拿破仑给西班牙国王写了一封信，说："我们必须让葡萄牙脱离英国的势力范围，并让葡萄牙向我们求和。"很快，他又给葡萄牙的摄政王去了一封信。他威胁葡萄牙摄政王，如果跟英国结盟，葡萄牙将后果自负。

这时，英国卡斯卡特勋爵率领一支远征军正在丹麦登陆，并摧毁了法、俄两国密谋攫取的丹麦舰队。这件事触怒了拿破仑，他决定立即采取行动。

1807 年 10 月中旬，西班牙国王再次收到拿破仑的信——要求他关闭波尔图和里斯本这两个港口，并且与法军一起以武力进占里斯本和整个葡萄牙。

10 天后，拿破仑正式向葡萄牙下了战书。不久，他又与西班牙国王达成协议，战后共同瓜分葡萄牙的领土和殖民地。只是西班牙不知道，拿破仑是在玩弄政治手段，他在心里早已给西班牙判了死刑。而现在，他只不过想在摧毁西班牙之前对其加以利用而已。

西班牙给法军打开了侵葡的方便之门，使得朱诺将军带领的法军在很短的时间内就穿过西班牙的领土，径直奔向葡萄牙。

拿破仑几乎不费任何力气，就占领了葡萄牙。

接下来，他要对付西班牙了。拿破仑连想都没有想，就撕掉了跟西班牙签订的和约。他要把西班牙变成自己的帝国，还要在自己的家庭中找出一个人去做西班牙的国王。

西班牙当时的国王查理四世，是个昏庸无能的家伙，他完全听命于王后及宠臣戈多伊。戈多伊则凭借国王与王后的权势，在西班牙胡作非为。被压迫的西班牙人民恨透了他，纷纷起来反抗。

在政局动荡不安的情况下，西班牙的王位继承人斐迪南得到了人民的支持，公然反对戈多伊。但是斐迪南的势力还十分薄弱，要想扳倒戈多伊还十分困难。斐迪南的手下想了一个办法，让他去向拿破仑的一位侄女求婚。他们认为如果能与强大的法国皇帝联姻，就等于得到了法国巨大的支持。斐迪南觉得这个主意可行，就正式向拿破仑的侄女求婚，却遭到拿破仑的反对。

拿破仑布置了强大的军事力量来对付西班牙。他认为，这样强大的武力足以让任何人害怕。但由于对西班牙人民独立自尊的个性及不屈不挠的精神估计过低，拿破仑终于铸成大错。

法军大兵压境，西班牙国王、王后及戈多伊根本就没有抵抗，而是收拾包袱准备外逃。但是他们刚逃到阿兰瑞兹，就被义愤填膺的西班牙人民给拦住了。之后，他们被关进了监狱。国王查理四世为了保命，只得宣布让位给儿子斐迪南。

几天后，缪拉就带领着法军占领了西班牙首都。法军一进入西班牙首都，查理四世又不愿意让位了，说自己退位是被逼的。而拿破仑作为敌人竟然邀请西班牙波旁王朝全体人员到巴荣纳，以调停国王父子的矛盾。

于是 1808 年 4 月 30 日，查理四世、斐迪南及所有西班牙贵族都被邀请到了巴荣纳。国王父子一见面就开始大吵，后来居然还动起手来。这时拿破仑突然发话了："你们二人不要争了，你们现在根本就没有资格争夺王位。为了让你们不再打闹，我决定不让你们回西班牙了。"

就这样，西班牙国王和王后被发配到了枫丹白露，而斐迪南和其他亲王则被发配到了瓦朗斯塔列朗公爵名下的城堡。在拿破仑的指令下，他的哥哥约瑟夫在 5 月 10 日做了西班牙国王，缪拉则接替约瑟夫成了那不勒斯的国王。拿破仑兵不血刃就得到了伊比利亚半岛，简直易如反掌。

正当拿破仑为自己的胜利自鸣得意时，西班牙一场风起云涌的反抗法国侵略者的人民武装斗争发生了。5 月 2 日，马德里人民发动了起义。尽管起义被镇压下去了，但起义的火种已撒遍西班牙。拿破仑完全没有料到会遇到这样顽强的抵抗。几天后，他在一封信中这样写道："我看最棘手的工作已结束。尽管还会有小的动乱，但刚给予马德里的狠狠的一顿教训足以让他们安静下来。"

拿破仑低估了西班牙民众反抗的决心。他们开始到处袭击、刺杀法国士兵，如果哪个法国士兵上厕所时没有提高警惕，就有可能被人干掉。即使这样，拿破仑也没有把这件事放在心上，他觉得这样的事微不足道。可他做梦也没有想到，就是这些最不起眼的人最先瓦解了他精心构筑的大帝国的巢穴。

拿破仑心想：我在西班牙有 10 万大军，我的大军会用最快的速度将各地的起义镇压下去。所以当马德里稍平静一些后，拿破仑就迫不及待地和约瑟夫一起组织召开了庆功宴。

法军对西班牙人民起义的镇压虽然有点效果，但是这种自发的顽强抵抗就像星星之火一样，是不会轻易熄灭的。各地起义的人民表示，他们只要有一口气，就要与法军抗争到底，所以法军每天都面临着被暗杀的危险。

有一次，一支法军进入一个村子寻找食物，并在一个年轻妇女家里发现了食物。为了防止食物有毒，指挥官命令那个年轻妇女先尝一尝食物。年轻妇女毫不犹豫地吃了一口。指挥官还是不太放心，他又让这个妇女将食物分给她的孩子吃，那个妇女也照办了。法军这下彻底放心了，饥饿难忍的他们立刻狼吞虎咽地吃下了所有的食物。没过多久，那位年轻妇女和她的孩子，还有吃了食物的法国士兵全都痛苦地死去。原来，当听到法军进村找食物的消息时，这位年轻妇女已经在所有的食物中下了剧毒。

英国人自然乐意看见有人反抗法国，甚至有些英国将领都等不及英王来表态，就公开表示支持西班牙起义了。为这事，英王还特别在国会上说：“西班牙人民这样英勇地同法国的篡夺和暴政搏斗，这种不惧怕敌人的精神，让我感动。我们再也不能把西班牙人民看作大不列颠的敌人，我必须承认西班牙是我们天然的朋友和盟国。”于是西班牙在英国的战俘被释放了，英王还命人发给他们衣服和武器，送他们回到西班牙。英国还表示，武器和资金会源源不断地输送给西班牙和葡萄牙，只要他们坚持与法军斗争。

在英国的支持下，西班牙的起义队伍更加壮大了。起义军从法军手里夺回了西班牙最富庶的地区。西班牙的新国王约瑟夫坐上王位还不到10天，就已经坐不住了，赶紧收拾行李，去维多利亚避难。

在西班牙的失败让拿破仑很难堪，因为在别人眼中，法军几乎是战无不胜的神话，然而这个神话却被不起眼的西班牙起义军给打破了。

阿瑟·韦尔斯利爵士（即后来的威灵顿公爵）率领一支1万人的英国部队于1808年8月在蒙德戈湾登陆成功，然后立即向葡萄牙首都里斯本进军。十几天后，英军在罗里萨附近与法军打了一仗，法军大败。拿破仑得到消息后，下令让朱诺率领4万多名士兵向英军发起进攻。最后，法军在损失了13门大炮和2000多人后，不得不向里斯本撤去。

当阿瑟·韦尔斯利准备乘胜追击，扩大战果的时候，英国政府却临阵换将，派休·达尔林普斯爵士代替阿瑟·韦尔斯利担任司令。休·达尔林普斯没有继续追击法军。

几天后，法军方面朱诺派克勒曼前去请求休战。克勒曼说，只要你们把我们的士兵及随身武器运到罗什福尔和洛里昂之间的任何法国口岸，并允许他们带走个人财物，我们就愿意交出弹药、粮秣和战舰，与你们和好。这时英国的约翰·穆尔爵士又率领1万名英军前来海岸附近增援，但休·达尔林普斯还是同意了休战请求。

不久，双方签订了《辛特拉停战协定》，法军全部撤离葡萄牙，葡萄牙不再接受法军的统治，英军可以永远立足于伊比利亚半岛。

拿破仑不甘心就这么失败了，他在想办法把这两个国家夺回来。这时他派往各国的探子不断送来有关奥地利在秘密重整军备的报告，这真是火上浇油。为了不让法军陷入两面作战的困境，拿破仑决定故伎重演，他要利用一下新结交的盟友俄皇亚历山大一世。于是拿破仑送出邀请函，邀请俄皇来爱尔福特与他会晤。

两大巨头要会晤的消息一传开，在欧洲立刻引起了轩然大波。各国首脑不管心中真正的想法是什么，表面功夫还是要做足的。于是欧洲各国首脑赶紧前往爱尔福特参加盛会，甚至一时造成了车辆严重堵塞的状况。9 月底，拿破仑先到达会晤地点，而后亚历山大一世到来。拿破仑立刻前去迎接。两位皇帝一见面，就紧紧拥抱在一起，还当众行了贴面礼，显得很是亲热。

两位皇帝天天待在一起。他们相互表达着最诚挚的“友谊”和最深切的“信任”。为了给两国皇帝和王公贵族助兴，巴黎戏剧院的演员还特意排练了高乃依、拉辛和伏尔泰的名剧。当“和大人物结交，真是上帝恩赐的幸福”这句台词从《俄狄浦斯》剧中演员的口里说出时，亚历山大一世紧紧地握住拿破仑的手，动情地说道：“这是我今天最想说的一句话。”拿破仑则以同样热烈的话语向对方大献殷勤。

很显然，两位皇帝都在演戏。拿破仑是演给奥地利看，亚历山大是演给土耳其看，各取所需。他们十分清楚彼此都需要对方，但实际上他们根本不可能信任彼此。

亚历山大一世心想：你当初答应给我“东方”，只不过是有求于我；现在又要求我在奥地利出战前表示积极反对，不过是想利用我。

这时，被拿破仑撤职的前外交部长塔列兰，选择背叛拿破仑。塔列兰与亚历山大一世暗地里开始联系，他告诫亚历山大一世要敢于反抗拿破仑。他说：“俄国支持拿破仑去攻打奥地利，只是在帮助他扩张势力。对于俄国来说，则毫无利益可图。俄国应该遏制拿破仑的野心再度膨胀，这样对法国和整个欧洲都有好处。”他还说：“俄国的君主是文明的，而俄国的人民不文明；法国的君主不文明，而法国人民是文明的。所以，必须使俄国的君主与法国的人民结成同盟。俄皇，请您现在一定要拯救法国。”

亚历山大一世本来就不愿支持拿破仑，再加上塔列兰从中作梗，他最终拒绝了在对奥作战的条款上签字，这令拿破仑十分不快。拿破仑不能指望俄国了，现在他必须抓紧时间解决西班牙。他要趁着其他国家还没有跟法国打起来的时候，先把西班牙夺回来。

拿破仑最后一次拥抱了妻子约瑟芬后，便于 10 月 29 日午夜乘上马车，带着一支精兵离开巴黎前往西班牙。一个星期后，他抵达巴荣纳。拿破仑对那里的形势很不满意，他指责陆军首席执行官德让将军使他的军队“衣不蔽体”，所有的军用物资都不够用。

接下来，拿破仑忙得昏天暗地，他的马车里装满了文件、报告、地图。在重兵护送下，拿破仑带着由大量新兵组成的部队越过了西班牙国境，于 11 月 7 日抵达维多利亚。第二次西班牙战役开始了。

拿破仑率领着 9 万生力军开进了西班牙，和在那里的部队会合。拿破仑此行有两个主要目标：击溃西班牙起义军，重新占领马德里；征服葡萄牙，把英国人驱逐出去。拿破仑在西班牙的军队有 8 个军团，共计 30 多万人，后备军还在源源不断地从法国经巴荣纳开进西班牙，成千上万辆四轮马车满载着从法国各地运来的衣物、弹药等来到西班牙。

而西班牙所有的士兵加起来不过 11.5 万人，且武器装备很简陋，纪律更不怎么样。西班牙军队划分为五六个独立单位，却不设置集中作战的指挥机构或者参谋机构。更要命的是，他们的各个指挥官之间还都不太喜欢彼此，弄不好，他们就会自己人打自己人。

拿破仑了解到西班牙军队的弱点后，觉得自己这支纪律严明的大军定能打败西班牙军队。拿破仑将部队分为三路，如同推铲车一样，向西大范围扫荡，要把西班牙人全部赶出去。在拿破仑的指挥下，法军一路横扫，拿下了马德里。

就在这时，英国也加入了战争，3 万英军在约翰·穆尔爵士的率领下进入西班牙。12月10日，穆尔开始进攻位于布尔戈斯的苏尔特军队，想阻断法国的交通线路。苏尔特指挥的军队只有不到2万人，最终被英军打败，向北逃去。穆尔刚想乘胜追击，这时有人来报，说拿破仑已经北上了。穆尔担心法军阻断他与葡萄牙之间的交通线路，就没有继续追赶，而是让部队向西撤退。

攻下马德里以后，拿破仑原本想拿下塔古斯河谷，把英国人驱赶出葡萄牙。谁知就在这时，英军进入了西班牙。拿破仑立即更改作战计划，调整进军方向，往西北出发，扬言要把英国人赶入海中。本来正在向西撤退的英军受到法军的攻击后，加快了撤退的速度。

1809年初，奥地利也开始酝酿报复法国的战争。不久，奥地利与英国等国结成第五次反法同盟，并冒险向法国宣战。拿破仑得知消息后，赶紧把在西班牙的指挥权交给了苏尔特，自己火急火燎地返回了巴黎。

拿破仑一走，法军就仿佛失去了主心骨一般，战斗力开始减退。苏尔特虽然让穆尔负了重伤，但是没有能力阻止英军的大部队登船离开。更糟糕的是，在葡萄牙的领土上，英军再次出现。

另一边，拉纳奉拿破仑之命去攻打西班牙的萨拉戈萨城。这场战争打了几个月，直到1809年1月底，拉纳才将这座城拿下。但拉纳进入城中以后，又遇上前所未有的顽强抵抗。在这座城里，西班牙人民将每一栋房屋、每一间茅舍都变成了堡垒。

整整3个星期后，战斗依旧没有结束，这让法军气急攻心，便把怒火撒到无辜百姓的身上。可怜这些手无寸铁的普通百姓，惨遭屠杀。法军之所以这样冷酷无情，是因为他们知道，他们和西班牙人之间的仇恨已经根深蒂固，为了防止自己的背后会突然出现一把砍刀，只好赶尽杀绝。最后，法军在这座城市里屠杀了2万名守卫部队和3万多名普通居民。

面对血流成河的情景，曾参加过拿破仑指挥的所有激烈战斗的拉纳元帅，都感到了恐惧。他难过地对手下说："这场胜利是多么让我忧伤啊！"

尽管西班牙被杀戮的氛围笼罩着，但这并不代表西班牙人民认输了。相反，由他们点燃的反法的星星之火正在向其他地区蔓延。而拿破仑的30万精锐部队则完全陷入这一泥潭之中，最终要为他的野心付出代价。

称霸欧洲

拿破仑得知奥地利要进攻法国的消息后，就急急忙忙赶回了巴黎。

奥地利为什么会壮着胆子来惹拿破仑呢？这要追溯到1805年的奥斯特里茨战役，那场战役带给拿破仑的是荣耀，带给奥地利的却是耻辱。为了报仇雪恨，奥地利便趁着法国进攻西班牙的天赐良机下手了。

当然，内幕远不止于此。奥地利确实很想报仇，但奥皇却是个比较懦弱的家伙，他可不敢再招惹拿破仑。不过，如果有英国和俄国这两个国家支持的话，奥皇就不那么害怕了。他首先把手伸向了法国的盟友——莱茵同盟。

1809年4月，查理大公率领奥军越过莱茵河进入巴伐利亚，同时向巴伐利亚法军总司令下了战书："我遵照我国陛下的意愿向拿破仑皇帝发表宣言。现在我特在此向法军总司令宣布：我奉皇命率部队前进，一切阻碍我的人都是敌人。”

这封战书被巴伐利亚转交给了拿破仑。拿破仑觉得很意外，他说：“这个奥地利不是已经被打得落花流水了吗，怎么又想开战了？”

雷厉风行的拿破仑在两小时后，就专程跑到德意志去了。4 月18 日，拿破仑率军越过莱茵河，来到法军大本营。然后跟往常一样，他向士兵们发表了一次简短有力的演讲：“我亲爱的士兵们，莱茵同盟的领土已遭受侵犯，我们要闪电般地消灭敌

人。曾是我们手下败将的奥军，他们今天一样是我们的手下败将。他们想占领我们的盟国，那是做梦！我的勇士们，上次奥地利皇帝来摩拉维亚营地的时候，我就是在你们的环绕之下，听闻这位君主向我们求饶。我们宽大地对待他。他向我们发誓要同我们建立永恒的友谊。作为已经三次败于我们手下的奥皇，我们给予了宽大之恩，可他却三次违背了誓约！现在，让我们再把奥皇拉过来，让他跪地求饶吧！”

而实际上，拿破仑的30万大军被牵制在西班牙战场上，现在他是无人可用啊。但是，仗还是要打的，他只好提前在法国招募新兵，同时又从德意志强行征兵10万。法军的质量因此而下降。奥军则集结了自己的全部力量，调遣的都是精兵强将，而且非常团结，一心想要打败拿破仑。

为了鼓舞士气，拿破仑在开战前再次鼓舞士兵们说：“两个月以后，奥地利会被迫放下武器，到那时，我会去完成西班牙之旅。”

拿破仑的演讲起了不小的作用。在巴伐利亚的阿本斯贝格，法国和奥地利的第一次交战中，法军击杀了奥军1.3万多人，奥军被击退。

得知首战告捷的拿破仑非常高兴，他信心满满地通知达武：“在几天时间里发生了许多事情。在你的范围内，所有奥地利人都被击溃……缴获的大炮、军旗和抓获的俘虏不计其数，这简直是在复制耶拿战役。”第二天，拿破仑又高兴地告诉达武：

“我决定今天消灭查理大公的军队，最迟不超过明天。”

没想到，被击退的奥军重整旗鼓，于4月22日再次与法军开战。而法军则再次打得奥军伤亡惨重，使其被迫向北退到雷根斯堡。

第二天，拿破仑率领部队追上在雷根斯堡的奥军，并与奥军交战。在战斗中，拿破仑的脚被奥军的炮弹打伤了。他立刻脱下靴子，命人简单地处理了伤口，而后继续端坐在马上，仿佛什么事情都没有发生。拉纳担心拿破仑的伤势，劝他回去休息。拿破仑却说：“朋友，这点伤实在算不得什么，难道我不该战斗到底吗？”他更是严禁身边的人谈论他受伤的事情，以免扰乱军心。最终，雷根斯堡被攻下了。

不过，奥军主力并没有被拿破仑全部消灭，他们撤到了多瑙河左岸。与此同时，法军在泰根、兰次胡特也取得了胜利。5天中，拿破仑赢得5次战斗的胜利。

随后，他带着拉纳军团开向维也纳近郊。维也纳近郊的守军听说奥地利大军被打败了，便不战而降。

5月10日，抵达维也纳近郊的拿破仑准备进攻维也纳城，他的对手是马克西米利安大公。马克西米利安大公率领着一支奥军拼命抵抗着。他们紧闭城门，借着有利的地势从城楼上向法军猛烈扫射，法军伤亡惨重。随后，拿破仑委派拉格拉热上校去劝说马克西米利安大公投降。马克西米利安大公很有骨气地说：“哪怕只剩下一口气，我也不会投降！我誓死保卫维也纳!”拿破仑被惹怒了，立即下令构筑两组炮台。随后，密集的炮弹轰向维也纳城，整座城池顿时陷入一片火海之中。几天后，维也纳城的大门被拿破仑打开了，维也纳市长再次将维也纳的钥匙恭恭敬敬地呈献给了法国皇帝。

在经历了多次战败后，奥军仍在查理大公的指挥下，有步骤、有秩序地全部退到多瑙河左岸。奥军在撤退之后炸掉了多瑙河上所有的桥梁，想尽量拖住法军的步伐，打算与拿破仑展开长久的周旋。

拿破仑可不想打持久战，他希望再打一次奥斯特里茨战役。为了速战速决，拿破仑决心渡过多瑙河与奥军决一死战。拿破仑选在了维也纳东南的埃比尔多夫渡河。这里的河床较宽，河中央有个叫罗堡岛的岛屿，岛上树木丛生，可掩护部队渡河。主意已定，拿破仑立即召来了工兵负责人贝特朗，命令他在多瑙河右岸和罗堡岛之间架起一座坚固的浮桥，在罗堡岛和多瑙河左岸的阿斯佩恩和埃斯林之间架设一座比较轻便的舟桥。为了迷惑奥军，拿破仑命令达武军团进军维也纳北面的诺斯多夫，佯装架桥渡河。

但是这样的决策也使得奥地利军队有了可乘之机，因为一旦奥军在法军渡河的过程中发起攻击，则可以将其分割成两段，然后分而歼之。

浮桥架好后，法军准备渡过多瑙河，集结到北岸，占领河对岸阿斯佩恩和埃斯林两个村庄。然而，夜间河水猛涨，法军渡河遇到了困难。

21日，拿破仑来到阿斯佩恩观察地形，全力组织渡河。无奈多瑙河水位不断上涨，渡河行动不得不中止。这时，渡过多瑙河的部队只有3万人。

查理大公早在北岸布置好阵势，以逸待劳。他看到法军只在多瑙河左岸架设了一座舟桥，高兴极了，认为拿破仑为自己设下了死亡陷阱。因为那座轻便的舟桥一点都不牢固，步兵过桥都要小心翼翼的，更何况骑兵。基于这种分析，查理大公命令奥军先不要急于发动攻击，等到法军有一半的兵力过河之后，再迅速炸毁舟桥，将他们已经过河的一半兵力全部歼灭。在查理大公的指挥下，奥军在上游的部队准备好装有重物和引火物的船只，然后隐蔽起来，只用部分骑兵佯装抵抗法军，并逐渐后退，以引诱法军。

正午时分，查理大公开始行动了。他带着3倍于法军的兵力去围歼已过河的法军。同时，他让手下炸掉了那座脆弱的舟桥。舟桥被毁，法军没有了退路，作战反而更加英勇。战斗持续了整整一个下午，直到夜幕降临，双方仍未分出胜负。

夜幕降临后，拿破仑在夜色的掩护下，督促手下迅速修复了舟桥。原先留在罗堡岛上的法军以最快的速度过了河。等到第二天天亮的时候，北岸的法军已经增加到7万人。

拿破仑开始重新部署军队，想对奥军再次发起猛攻。可还没等他部署完，奥军那边已经发起进攻。双方短兵相接，用刺刀冲杀，战局瞬息万变。拿破仑发现位于中央的主力奥军并未发动攻击，加上他刚刚收到达武军已开始过河的消息，决定依靠强大的援军摆脱守势。

拿破仑向拉纳军团下达命令，让他们向敌人的中央主力进攻。于是拉纳带着2万步兵、200门大炮及众多骑兵，直接进攻奥军的中央主力。拉纳军攻势凶猛，步兵随炮火迅速前进，奥军的中央主力很快就被攻破，形成了一个巨大的缺口。法国的骑兵很快直接逼近了奥军预备队的阵地。

查理大公看到中央主力被攻破，却临危不乱，立刻调来预备队的掷弹兵。他将掷弹兵排列成许多方队，在密集的炮火的掩护下，向近在眼前的法军发动猛烈进攻。这时奥军的骑兵又恰巧赶来。于是拉纳军团遭受两面夹击，被迫仓皇后退。奥军乘势跟进，法军损失惨重。

屋漏偏逢连夜雨，这时拿破仑又得到一个坏消息：多瑙河发洪水了，奥军放下的树木和装有重物的船只已经将罗堡岛与多瑙河右岸的浮桥冲毁。现在法军后备军、一部分重骑兵以及达武军全都被阻隔在河对岸，没办法投入战斗。

但这个消息并没有动摇拿破仑钢铁般的意志，他依旧沉着镇定。他先是稳住了慌乱的部队，然后又继续指挥战斗。但由于奥军攻势越来越猛，浮桥又被冲毁了，失去后援的法军已经无法与奥军对抗，拿破仑只得下令全军退往罗堡岛。

好不容易打了胜仗的奥军现在气势如虹，步步紧逼，占领了阿斯佩恩和埃斯林。奥军炮兵借着这两个村庄优越的地理位置，对罗堡岛和左岸的舟桥进行交叉射击。法军被逼得边战边退，伤亡更加惨重。拉纳元帅也在战斗中受了伤，他的双腿被炮弹炸伤。

残酷的战争一直持续到深夜，在马塞纳的顽强阻击下，最后一批法军终于有足够的时间撤离，回到罗堡岛。

查理大公拘泥于传统的军事战略，认为不用歼灭全部敌人，只要把城池拿到手就可以了。在拿破仑烈火一般的性格面前，查理大公显示出了性格的弱点。战争刚开始时，他在巴伐利亚打了几次败仗以后，就想给拿破仑写求和书。现在第一次取得胜利，他又不知道该怎么办了。查理大公没有乘势扩大战果，他想等到更好的时机，再对法军发动进攻。查理大公甚至异想天开地想让拿破仑来与奥军谈判，他希望自己能在谈判桌前取得更大的胜利。查理大公这种天真的想法最终毁了他。

拉纳受伤后感染了坏疽，好多天高烧不退。拿破仑每天都会去看他。看到他如此痛苦，拿破仑也很难过。拉纳知道自己伤势严重，难逃一死，于是强打精神，与拿破仑进行了最后的谈话：“陛下，我一路跟随着您，参加了多次战役，赢得了无数胜利和荣誉。我跟您说这些的目的，并不是想让您为我做什么。也无需由我来把妻子和儿女托付给您，因为在我内心深处，我深深地知道我为您而捐躯，您一定会保护我的家人。只是，在这最后的时刻，陛下，我要向您说些充满友情的逆耳的话。陛下，您刚刚做了一件很大的错事，虽然，这件事情马上就要让您失去最好的朋友。但您仍然不会改过，您仍会继续这个错误，因为您的野心太大了。陛下，您的这种欲望会使您失败的，您毫不顾惜地、无谓地牺牲那些最能为您效劳的人，他们死去的时候，您连一点惋惜都没有。您被那些阿谀奉承者包围着，在您的身旁，我看不到有哪个朋友能向您直言相谏。这些阿谀奉承者将背叛您、遗弃您。人们也会因为您无休止的欲望而背叛您的。陛下，尽快结束这场战争吧，这是民意，也是您的士兵所想要的。您现在已经达到顶峰了，您的力量永远也不会超过现在。战争结束后，您可以获得更多支持，更受人爱戴……”

拿破仑紧紧地握住拉纳伸过来的手，把他搂在怀里，忍不住泪如雨下。1809 年 5 月，拉纳去世了，死时只有 40 岁。“此后两天，皇帝的悲痛是如此巨大，无论他在哪里，只要一想起拉纳，就会泪如雨下。”拿破仑的侍从康斯坦这样回忆。

尽管拉纳的死让拿破仑悲痛不已，但真的就像拉纳说的那样，最好的朋友的牺牲并没有动摇拿破仑要把战争打下去的决心。此时，拿破仑的大脑里只有战争，他要用战争为自己增添荣誉和权力。

拿破仑在初战失利后，还是要将战争进行到底。他在占领的维也纳和罗堡岛之间来回奔波，加紧在罗堡岛构筑工事，修复并新建桥梁。他天天亲临现场视察。鉴于上次的教训，法军在浮桥上设立木栅，并以轻舟作为哨艇加强巡逻，防止奥军借水势流放重物冲毁桥梁。维也纳和罗堡岛之间的公路上运送木料的车辆络绎不绝，拿破仑还从维也纳调来了大量的攻城炮，以加强防御。

拿破仑甚至将罗堡岛改名为“拿破仑岛”，以显示自己的不二决心。随后，他还让驻意大利的法军急匆匆地赴奥增援。显然，他是要背水一战。

查理大公看着法军在他眼皮底下积极备战，却始终没有对法军或是他们的运输部队进行有效的袭击。拿破仑开始调集兵力。查理大公也在整顿部队，调集兵力，准备等法军再次渡河时发起进攻。

此时，德意志知道拿破仑打了败仗，就想着趁这个机会占便宜，好摆脱拿破仑的控制。德意志各地都爆发了像西班牙一样的起义，拿破仑的帝国开始动摇了。

另外，教皇七世和红衣主教都在到处宣扬，埃斯林一战是上帝对世界压迫者、暴君和迫害教会者的惩罚！拿破仑听到后气愤极了。他将教皇的行为记在心里，准备伺机报复。

半个月后，奥军还是没有进攻法军，这就给了法军喘息和获得增援的机会。在此期间，拿破仑的继子欧仁率意大利军团把约翰大公的奥军逐入匈牙利后，已奉召赶到了维也纳。同时，马尔蒙军也从达尔马提亚被召了回来。拉纳身亡后，乌迪诺奉命接任了他的职位。

现在，17 万法兵和 544 门重型火炮已集结在罗堡岛和维也纳附近。与查理大公不同，拿破仑见时机已经成熟后，立即下达了向奥军进攻的命令。

不过，在发起进攻之前，拿破仑认为有必要先解决教皇的问题。他宣布罗马城和教皇现在所拥有的领地完全并入法兰西帝国，从此完全属于法国统治。于是法军占领了罗马，教皇失去了掌握了近1500年的罗马城和所有领土。教皇本人也被送到了法国南部的萨沃纳，被监禁了起来。

摆平了教皇后，拿破仑立即着手做进攻前的最后准备。

得知法军动向的查理大公知道和谈无望，这才开始整顿军队。他马上调集兵力，在大约7公里的地段上，总共部署了3个军和大部分骑兵，作为奥军的左翼。他又以瓦格拉姆为起始点向西南约13公里的地方，均匀地部署了4个军，作为奥军的右翼。除此之外，查理大公还部署了一些兵力在阿斯佩恩地区，以守卫前哨阵地。

他这样部署，是想利用高地与河流的地理优势，构成一个弧形防线。奥军一切就绪，就等着法军主动来进攻。只要法军进入查理大公布置的弧形防线，他就可以带着大军将法军全部歼灭。

查理大公这样的部署虽然能围击法军，却分散了兵力，没有留下可供紧急调用的预备队。为了弥补这个不足，查理大公让自己的弟弟约翰大公尽快带兵赶到战场。此时，约翰大公正率领1.5万人，从维也纳以东的布拉迪斯匆匆出发。他们离战场有 3 天的路程。

这时，查理大公又犯了一个错误，他武断地认为法军还会像上次一样，从罗堡岛向北渡过多瑙河。出于这个错误的判断，查理大公把奥军的主要防御位置定在了阿斯佩恩。

拿破仑深谙兵不厌诈的道理，久经沙场的他绝不会让敌人预料到他的军事动向。为了使 10 万大军顺利地渡过多瑙河，同时在敌人意料不到的地点发起进攻，拿破仑与马塞纳元帅曾换上士兵服装，在罗堡岛上仔细观察地形。综合多项因素后，拿破仑选定了多瑙河下游作为渡河地点，离上次渡河的地点大约有 4 公里。

战斗即将打响了。拿破仑决定拿出一部分兵力在阿斯佩恩和埃斯林正面假装进攻，以吸引奥军主力，而事实上法军主力要在新确定的地点渡河。

6 月 30 日傍晚，拿破仑命令马塞纳元帅的一个师先在阿斯佩恩正面的浮桥旧址开始渡河。这次佯攻行动进行得非常顺利。法军没有受到任何阻拦就渡过了多瑙河。此时查理大公还在等着法军主力进入他的包围圈呢。

随后，拿破仑又命人虚张声势地在此地架设浮桥，摆出一副要从此处过河的样子。守在阿斯佩恩前哨阵地的奥军看到法军的举动，也没有发动攻击，只是忙于加固工事。查理大公命令他们，无需攻击法军，只需要把他们引到奥军的弧形防线内就可以了。

7月4日晚上，在夜幕的掩护下，法军开始渡河了。乌迪诺军和马塞纳军分别有1.5万人，先后从罗堡岛东南方驾船到达左岸，抢下阵地，并赶时间架起了6座浮桥。当时风雨交加，电闪雷鸣，这分散了奥军的注意力，加上查理大公的主力在北边，所以法军渡河时没有遇到任何抵抗。

第二天早上天空放晴的时候，大部分法军已经渡过多瑙河了。奥军罗尔多前卫军团虽在此地有设防，但兵力过于分散，工事也不如阿斯佩恩一带坚固。面对突然出现的法军，奥军惊慌失措，抵挡了一阵子就赶紧退却了。两个小时后，法军渡河的人数已达到9万。

当查理大公知道法军已经有这么多人渡过多瑙河之后，大吃一惊，他没想到拿破仑会采取这样的作战策略。此时奥军的左翼已受到渡河法军的严重威胁。查理大公想让主力去支援左翼，但转念一想，若让主力离开阵地，胜利的希望也不是很大，即使能将法军压迫着退到桥头，奥军也会受到拿破仑在罗堡岛设立的大炮的轰击，这样奥军的损失就太大了。所以，查理大公最终决定让主力仍然在原地坚守，按照原计划吸引法军继续接近。查理大公依然认为，只要把法军引进弧形防线内，胜利就唾手可得。

法军过河后，分成左、中、右三队，呈扇形展开攻势。等到傍晚时分，法军右翼部队进入了奥军防御阵地前沿。这时部下对拿破仑建议，现在天色已黑，应该等到次日再发起攻击。

但一向喜欢速战速决的拿破仑却认为奥军增援部队随时都有可能赶到，所以应趁敌方援军没有到达之前发起进攻。于是，法军立即开始进攻，可是进展很不顺利，伤亡惨重。

贝尔纳多特军中的萨克森师抵挡不住奥军的炮火，首先向后溃退。萨克森师一溃退，两边的达武军和乌迪诺军就全部暴露在了奥军面前。拿破仑见一时很难决出胜负，只好下令停止进攻。因为这次胜利，查理大公更加自信了。

7月6日清晨，拿破仑命令再次向奥军左翼发起进攻，但还是败下阵来。他在战场上察看敌情，发现马塞纳的4个师在阿德克拉和阿斯佩恩之间长达几公里的正面战线上，被迫抵御奥军主力的冲击。其右边的萨克森师再次被击溃，而其左边的布尔代师则被逐出阿斯佩恩村，其火炮也损失殆尽。

如果奥军沿多瑙河岸推进，法军就会被切断退路，形势十分危急。现在，拿破仑只有两种选择：要么将其预备队调过来，支援其受威胁的左翼；要么对奥军的中路和左翼实施反击。前一种方案的困难在于距离太长，调动复杂，于是拿破仑决定打击瓦格拉姆，因为这是奥军右翼的结合部和中心要点。与此同时，他还可以用右翼部队席卷鲁斯巴赫军全线。

为了防止进攻瓦格拉姆的部队受到过多奥军的攻击，拿破仑让达武军继续攻击奥军左翼，以扼制奥军左翼增援中央部队。若此次进攻有所进展，则从右侧向瓦格拉姆展开攻势，配合主力行动，对敌人形成钳形攻击。

一声令下，百炮齐发。法军各军团在炮火的掩护下，向奥军中央主力不断前进。这时达武军已经插入敌军左边阵地，并从左翼开始向瓦格拉姆方向进攻。奥军的左翼虽然顽强抵抗，最终却因伤亡过多，不得不放弃阵地溃逃。奥军左翼部队一路溃败，无力保护中央奥军，于是法军中央和右翼部队开始乘势猛攻。中央麦克唐纳军团排成长达 1 公里的方阵，率先向奥军中央阵地发起了攻击。这种作战方法让法军损失不小，但最终还是攻破了奥军中心。随着法军后援部队的到来，奥军准备全线后退。

一直坚持到下午，查理大公才得知他弟弟约翰大公的支援部队还在 10 公里之外，不禁大失所望。傍晚时分，查理大公接受战败的事实，命令奥军有秩序地撤出战场。他们给法军留下了 9 门火炮和 1 面奥军军旗。

维也纳人站在哈布斯堡王朝首都古老的城墙上，手持望远镜观看着河对岸的悲惨场面。他们甚至能闻到硝烟和瓦格拉姆村庄麦田焚烧时发出的焦臭味。

瓦格拉姆一战，法军和奥军的战损比差不多是 1∶1.5，但是法军的拉纳元帅阵亡，所以说这场战争谁都没讨到好。

后面几天，双方又经历了几场激战，最终奥军招架不住，只好提出休战。拿破仑顺水推舟，答应了。

但是现在拿破仑占据主导地位，所以他有权提出一些苛刻的条件。他说：“但凡我们法军在休战时刻到达的地方，不管有几名法军士兵，奥地利军队都要撤走。”也就是说，只要有法军存在的地方都归法国管理。并且在和约还没有签订之前，奥军所有的俘虏都必须留在法军手里做人质。现在，奥地利的命运被法国掌握，尽管条件相当苛刻，但奥地利都得答应。

10月中旬，奥地利与法国签订了丧权辱国的《肖恩布鲁恩条约》。第五次反法同盟宣告失败。

见到拿破仑如此强势，欧洲其他各国也纷纷放弃了原本的打算，委曲求全。

至此，拿破仑的权势可谓达到了如日中天的地步，他感觉整个欧洲都在他的脚下。然而，他没有注意到的是，盛极必衰，荣耀背后的危机却正是他日后悲剧的种子。

第四章

危机袭来

另立皇后

征俄惨败

民族会战

兵败滑铁卢

晚景凄凉

另立皇后

拿破仑和约瑟芬之前的确拥有过爱情，不然也不会结婚。起初拿破仑外出打仗时，还经常给约瑟芬写一些热情洋溢的信，可惜当时的约瑟芬毫不珍惜，这些信件只不过是她炫耀的资本。她趁拿破仑不在身边时，和别人暧昧不清。世界上没有不透风的墙，拿破仑从别人嘴里知道约瑟芬的那些丑事后，渐渐对她冷漠了，加上约瑟芬这么多年来也没能给他生下一男半女，拿破仑更加坚定了要换个皇后的念头。

拿破仑态度的转变让约瑟芬感到害怕，她渐渐转变了自己的行为习惯，甚至对丈夫曲意奉承，但为时已晚。现在，拿破仑终于有空来处理自己的感情问题了。

面对这种局面，约瑟芬手足无措，整天以泪洗面。即使这样，她也没能挽回拿破仑的心。1809 年 11 月底，拿破仑在餐桌上正式向约瑟芬提出了离婚。他说：“我需要一个能给我生儿育女的皇后。”这种理由即直接又伤人，很有拿破仑的特色。

约瑟芬顿时泪如雨下，虽然她早就知道自己会有这样的结局，但还是接受不了被抛弃的事实。“几乎每个人都可以感受到约瑟芬皇后最后一线希望永远破灭时的那种痛苦和绝望。”后来有人回忆道。

看着哭成泪人的约瑟芬，拿破仑也有些于心不忍，就没有继续刺激她，而是不断地给予她最温柔的关心和安慰。

让约瑟芬痛苦万分的日子很快来临了。12 月 15 日，在拿破仑宽大而明亮的办公室里，约瑟芬当着所有人的面，用极其颤抖的声音宣读声明："经我尊严、亲爱的丈夫准许，我特在此声明，由于我已经失去了生育能力，难以适应政治和法兰西的需要，无法取得所需利益，所以我甘心而坚定地表示，我将世界上前所未有的爱情和忠贞献给了我的丈夫……"当读到这里时，约瑟芬已经泣不成声，无法继续读下去。于是皇室秘书勒尼奥走上前来，接过了她手中的声明书，代她读了下去。

拿破仑坐在一边，静静地听着。他一声不吭，一动不动，脸色苍白，面无表情，两眼发呆，甚至有点失神。在这一整天里，拿破仑都没有说一句话，没有人知道他内心到底在想什么，也没有人知道他是否哭过。

后来，梅内瓦尔回忆道，拿破仑回到了自己的办公室，"一屁股重重地坐在沙发上，显得十分沮丧。他的身体向前倾着，头埋在手里，他呆坐了好长时间"。约瑟芬不是皇后了，必须马上离开杜伊勒里宫。第二天下午，在仆人的帮助下，约瑟芬乘上一辆漂亮的全包金马车，朝马尔梅松奔去。

庞大的帝国没有了皇后，这可怎么办呢？对于这个问题，拿破仑召集大臣们一起商议。经过慎重讨论，大臣们一致认为，为了帝国的安宁，皇上应再娶一位妻子。这些人的命运大多数是跟拿破仑连在一起的，他们畏惧波旁王朝的复辟，希望拿破仑帝国继续存在。

拿破仑将经历的第二次婚姻，最主要的已不是爱情，而是对方的条件应该与他尊贵的身份相匹配。那么只有大国的公主才符合条件，也只有大国的公主才能让帝国的基础更加稳固。

现在，在欧洲的版图上，除了法兰西帝国外，只有英国、俄国和奥地利还可排在大国的行列之中。拿破仑认为现在法国与英国正在进行着一场决斗，想联姻是不太可能的事情；奥地利刚刚被自己打败，所以暂时也无法将其列在选择之中；只有俄国是最好的选择。俄国比奥地利强大，如果联姻，则可以继续巩固俄法同盟，一举两得。

拿破仑要向俄国公主安娜提亲的消息让俄国的宫廷发生了地震般的骚动。俄国宫廷中的大部分人并不喜欢拿破仑，俄国的大地主贵族对拿破仑更是十分憎恨。沙皇亚历山大一世只好回复拿破仑说："我个人是极其希望自己的妹妹能够成为您的妻子，只是母后舍不得妹妹远嫁法国，希望能将婚期推迟。"毕竟安娜现在才 16 岁，结婚还太早了。

俄国的答复在拿破仑的意料之中。为了避免自己被拒绝而太尴尬，拿破仑只好将目标转向奥地利公主。这一天，拿破仑专门召见了奥地利在巴黎的大使梅特涅。

拿破仑开门见山地问梅特涅："奥地利皇帝是否同意把自己的女儿玛丽·路易丝嫁给我？"梅特涅不假思索地说："奥地利肯定愿意将年轻的公主嫁给陛下。"梅特涅心里比谁都明白，只有与法国联姻，才能保全奥地利。

于是拿破仑果断向奥地利公主求婚了。奥地利皇帝愉快地同意了这门婚事。

很快，刚满18岁的奥地利公主由83辆马车组成的车队护送着到达法国。原本，公主很害怕拿破仑，因为在她的想象中，拿破仑是一个长相丑陋、性格残暴的人。不过，很快她就不害怕了，因为沿路她受到了法国附庸国空前隆重的欢迎，这使她感到非常自豪。

在离巴黎不远的贡比涅大路上，拿破仑正翘首企盼着自己的新皇后到来。初次见新皇后，拿破仑也花心思打扮了一番。当公主华丽的马车在他面前停下来，拿破仑便命侍从打开车门，向玛丽·路易丝通报自己的到来，以免直接上前吓到她。然后，拿破仑上前拉起公主的手吻了吻，说道："夫人，见到您，我真的感到非常高兴。"说完就坐进了公主的马车，与新皇后一起前往自己的宫殿。

据他人回忆，玛丽·路易丝当时正焕发着青春的光彩。她的长裙的剪裁较当时法国妇女的略长，而这只会增添她天生的高贵气质。她的脸因旅途劳顿和胆怯的个性而略显苍白；她那头柔美浓密的浅棕色长发优雅地挽在头上，而她那双盛满柔情蜜意的眼睛配合着那青春的脸颊则使她更加充满魅力。她那略显厚了一点的嘴唇则正是她拥有奥地利高贵血统的象征，正如她那小巧的鼻子显示着她那尊贵的波旁王室的纯正血统一般。她周身环绕着一种纯真的气息，她是健康而美丽的化身。

拿破仑的举止很得体，表现得完全像一个绅士，这给新皇后的印象不错。后来，路易丝皇后骄傲地对身边的人说：“皇帝作为一名如此令人生畏的将军，足够迷倒任何女人。我知道，我一定会很爱他的！”

1810年4月1日，拿破仑和玛丽·路易丝在圣约瑟夫教堂举行了民事婚礼。次日，拿破仑和玛丽·路易丝便乘坐着加冕马车前往巴黎。帝国卫队骑兵走在队伍前面，紧接着是传令官和马车。这对夫妇在罗浮宫的教堂内又举行了一场宗教婚礼。

这场盛世婚礼也使在过去的20年里一直处于交战状态的法国和奥地利迎来了和平友好的新时期。几个月前还对拿破仑痛恨不已的维也纳人民突然就对法国皇帝赞不绝口。在婚礼期间，拿破仑皇帝与奥地利皇帝甚至还互通了阿谀奉承的信。

路易丝皇后在大臣、外人面前表现得端庄大方，又略带羞涩；在拿破仑的面前却是温情脉脉，可爱动人。她是一个听话的妻子，很快便在法国宫廷内安顿了下来。拿破仑不费吹灰之力便能获得她的好感。她在写给父亲的信中写道：“我向你保证，亲爱的爸爸，人们对皇帝的看法极为不公。一个人越了解他，一个人就会越欣赏和爱他。”

很快，路易丝皇后就怀孕了。1811年3月20日，路易丝皇后突然觉得腹痛难忍，孩子要降生了。可是这时，助产医生却告诉了拿破仑一个不好的消息：皇后难产了。这让拿破仑很是焦急。好在这只是命运给拿破仑开的一个小玩笑，在医生的努力下，终于母子平安。拿破仑激动地把自己的儿子抱在怀里，兴奋得不知道该怎么办才好。

根据预先的安排，如果皇后生的是女孩，就放 21 响礼炮；如果生的是男孩，就放 100 响礼炮。孩子出生后，顿时礼炮齐发，整整 100 响礼炮响彻整个巴黎，人们纷纷走上街头欢呼庆祝，尽情拥抱。“皇帝万岁”的欢呼声传遍了整个巴黎，整个欧洲也随之震动。

此时最激动的还是拿破仑，儿子出生没多久，拿破仑就封他为罗马王，而罗马市成为了法国的第二个首府。

征俄惨败

新的婚姻和可爱的儿子并没有让拿破仑停下征战的脚步，事实上，他还想着要统一欧洲。现在，只有两个国家难以解决，那就是英国和俄国。

不久，拿破仑征集了57万大军，浩浩荡荡向俄国开拔。1812年6月22日，法国正式向俄国宣战。两天后亚历山大一世得知消息时，法军已经渡过了俄国边境的涅曼河。实际上，法军本应该在5月份就渡过涅曼河的，只不过酷热的天气带来了各种疾病，夺走了6万士兵的生命，因此拖延了正常的进军速度。这本应是个预警，但比起拿破仑的野心，这根本不算什么。

6月28日，法军到达俄国主要要塞维尔纳和立陶宛。由于当地温差很大，白天热得可以煎熟鸡蛋，晚上冷得要穿棉袄，法军很不适应，加上长途行军，精疲力竭的士兵没能追上俄军，也就是说他们占领的维尔纳和立陶宛是两座空城。

和得到的好处相比，法军付出的代价是惨痛的。由于俄国疆域广阔，法军战线被拉得过长，先头部队不管不顾地大吃大喝，后续部队却连最基本的粮草都没有，只能挨饿。再加上让人难以忍受的天气，致使法军损失了 1 万匹马，连一些青年近卫军战士也没能熬过最初的几个晚上。马的尸体发出难闻的气味，令路过的士兵们倍感凄凉，士气一落千丈。

由于连年征战，法国兵力大减。为了凑足人马，拿破仑强制征调了其他国家的军人。这些人哪里愿意给拿破仑卖命，于是逃兵一天比一天多，根本就无法控制。早在 8 月 18 日，法军抵达斯摩棱斯克时，作战部队就只有 40 多万人了。虽然法军通过战斗占领了斯摩棱斯克，但战后可调用的兵力已经锐减到不足 13 万人了。

针对法军兵力上这个缺陷，沙皇派出老将库图佐夫担任俄军前线总司令。库图佐夫想利用这次机会打一个漂亮的大胜仗，可他错了。

9 月 7 日，在博罗迪诺，战斗打响了。法军凭借炮火优势最终打败俄军。俄军损失了 5 万兵力。到了晚上，库图佐夫不得不做出一个艰难的决定——保存实力，放弃首都莫斯科。库图佐夫虽要撤走，但他也不会便宜拿破仑。他带走了城里的居民，当然，粮食、生活用品什么的也一起被运走了。莫斯科变成了一座空城。

在这一战中，法军同样付出了惨痛的代价——损失了 3 万多名战士。拿破仑在战后伤感地说："博罗迪诺一战，法军表现出了最大的勇气，却获得了最小的胜利。"

9月15日，拿破仑终于入主莫斯科，不过，这时候的法军已经不到10万人了。第二天晚上，俄国人采取了焦土政策——放火烧了莫斯科。熊熊大火整整烧了3天，没有给法军留下任何可以使用的东西。大火过后，拿破仑进入了克里姆林宫。

冬天马上就要来了，天气越来越寒冷。一开始拿破仑还打算在莫斯科过冬，但等他在这座空城中艰难地度过一个月后，发现的却是俄罗斯人民坚决不投降的决心。拿破仑认为现在最好的出路是与亚历山大一世缔结和约，然后带着自己的军队体面地撤出俄国，而不是在莫斯科过冬。可是，亚历山大一世那边毫无音信，拿破仑为此整日坐立不安，他开始想方设法把自己的愿望告知沙皇。可是当他好不容易找人把求和信送给沙皇时，却被沙皇认为是黔驴技穷。

拿破仑恼怒地想：俄国怎么这么不知道好歹！我都打到他的首都莫斯科来了，他们不是应该通过和谈来换取安宁吗？可是，他转念一想，认为俄国是怕自己会通过和谈来讹诈他们，所以他表示会同俄国签订一个最宽大的、最轻松的、最光荣的、最不侮辱人的和约。于是，他决定亲自给沙皇写信，并自愿做一点对方想不到的让步，好让沙皇不致在自己面前丢脸，可是亚历山大一世对拿破仑的媾和建议仍没有回复。

俄国人民纷纷拿起武器进行游击战争，这让法军防不胜防。

同时，库图佐夫也专门派出部队前往斯摩棱斯克，对法军展开小规模的战争。

天气越来越冷了，后勤跟不上来，和谈又没有进展，尽管不甘心，但拿破仑还是决定撤退。可是撤退也不是那么容易。俄国寒冷的天气冻死了很多马匹。没有了马，那些辎重就无法运输，为了保命，只好丢弃这些东西。俄军见法军撤退，便开始反攻，一时间法军损失惨重。

12 月 18 日，法军好不容易才离开了俄罗斯，这时原本 50 多万的大军只剩下 5 万多了，可谓元气大伤。

法国实力大减，于是以前很多被法国统治的国家纷纷开始找机会准备反击。

可以说，征俄失败是拿破仑一生中的重大转折点，同时也成为拿破仑帝国由盛转衰的一个标志性事件。

征俄失败一方面打击到法国，另一方面却让沙皇亚历山大一世的野心开始膨胀，以前让他觉得无法战胜的拿破仑现在在他眼里也就是一个普通人。于是，沙皇开始张罗又一次反法联盟，准备向法国进攻。

民族会战

1813 年，由俄国牵头的第六次反法同盟成立，成员国有英国、俄国、普鲁士、瑞典以及和拿破仑联姻的奥地利。

面对盟军的进攻，8 月 26 日，法军经过 72 小时强行军，终于抵达德国东部的德累斯顿，准备进行防卫。此时的德累斯顿已经被盟军围得水泄不通。拿破仑不愧是战争天才，当天下午，他就收复了全部失地。

战争一直持续到 8 月 27 日，拿破仑抵住了盟军大规模的反扑，守住了阵地。然而形势依旧不妙。由于征俄的持续性影响，法军缺少骑兵，无法扩大战果。加上其他法军在德意志境内屡屡受挫，致使法军在整个东线和北线被迫转入防御状态。

此时，盟军干脆放弃拿破仑坐镇的德累斯顿，转而集中兵力攻击法军的薄弱环节莱比锡。得知敌人动向后的拿破仑，一面命令缪拉率 4. 5 万人在德累斯顿附近阻止联军向莱比锡前进，一面亲自率领主力向莱比锡挺进，准备在联军占领莱比锡前，先击破布吕歇尔军及贝尔纳多特军，再回师击破联军主力。

可惜法军的紧急调动为时已晚。10月9日，普鲁士元帅布吕歇尔军与贝尔纳多特军会合了。综合考虑各种因素，拿破仑放弃了北进计划，回师莱比锡。

正在此时，俄国一支5万人的后续部队开到前线，另有数万援军也赶到莱比锡。4天后，布吕歇尔向沙皇建议让三个军团集中攻向拿破仑。沙皇采纳了布吕歇尔的建议，随即为最后的围攻进行协商和准备。

14日，法军主力抵达莱比锡。这时法军集中在莱比锡的兵力达15.5万人。同日，22万的联军对莱比锡的法军已形成夹击之势。

莱比锡是一个繁华的商业和金融中心，地理位置十分优越。莱比锡城的西面是艾尔斯特河，北面是帕尔他河，南面是普来泽河，后两条河在莱比锡城北汇合后流入艾尔斯特河。也就是说，莱比锡城位于三条河流汇合点的东面，地势比较低，河流经过的地方形成了一些沼泽地。在莱比锡东、南、北三面，有七条道路相通，东面的一条主干道通往德累斯顿。城西有两座桥，分别架在艾尔斯特河与普来泽河上，这是莱比锡西去的必经之地。莱比锡城南约5公里的地方有一片连绵的丘陵。

10月15日，联军开始行动了。他们分成四个攻击集团，从四个方向一起发起进攻。布吕歇尔军从西北方向向莱比锡逼近，格莱军去切断法军的后方交通线，默费尔特军从次维考向莱比锡进攻，维特根施坦军在莱比锡东南方向担任主攻任务。

下午，拿破仑匆忙下令，把驻守在莱比锡西北地区费尔德和林登沙的第六军从防御阵地上撤出来，转移到莱比锡西南地区充当预备队。尽管当时的军长马尔蒙清楚地看到了自己北面有敌人的营火，但还是勉强执行了拿破仑错误的命令。

10月16日，联军方面发出三声号炮，史称“民族会战”的莱比锡大战开始了。在细雨和浓雾的掩护下，联军发动了进攻。拿破仑也下令全线进攻。联军一时陷入混乱，但法军由于步兵不继，被迫放弃了一部分已经夺占的阵地。与此同时，北面也发生了激战，布吕歇尔军将马尔蒙军赶出阵地，并缴获了53门法军火炮。

经过一天恶战，双方基本上打成平手。当晚战斗结束后，拿破仑召见并释放了在当天战斗中俘获的默费尔特将军，想让他转达进行停战谈判的建议。但是同盟国方面没有同意拿破仑的建议。

这时，又有一个坏消息让拿破仑很是头痛：法国的同盟国巴伐利亚临阵倒戈，率军到达莱茵河畔，准备攻击法军在美因兹和法兰克福的交通线。

经过一番思考，拿破仑决定撤退到萨勒河一线。但是，10月18日清晨，他还没来得及把自己的意图付诸实施，战斗再次打响。这时联军兵力已增加到29.5万人，几乎是法军的两倍。经过大半天的战斗，大部分阵地仍被法军控制着。但联军的火力实在太强大了，加上法军内部一些士兵又临阵叛变，使得法军防线出现重大漏洞。

下午，有两支法军抵挡不住联军的火力，便带着武器投降了。情况变得越来越糟糕，法军的弹药都快打完了，以致拿破仑后来念念不忘地说，如果他当时还有 3 万发炮弹，那么他就会成为世界的主人。

到黄昏时，法军在莱比锡东面和北面都出现了大溃败，两路法军狼狈地向莱比锡郊区逃亡。内伊和另一名将军负了伤。天色完全黑下来时，拿破仑意识到大势已去，便指挥部队撤退。

第二天，沙皇要求坚守莱比锡的法军后卫部队投降，以保全该城，但遭到守城法军的断然拒绝。突然，从远处传来了巨大的爆炸声。过了一会儿，缪拉跑进来报告说，林德瑙桥被炸毁了，麦克唐纳所率的后卫部队 2 万多人被阻隔在萨勒河对岸。

原来，当布吕歇尔的少数骑兵沿河向林德瑙方向迂回时，枪声使守桥工兵着了慌，他们误以为敌人的大队追兵已到，赶紧引爆了预先放置好的炸药，炸毁了法军撤退用的唯一一座石桥，致使法军后卫 2 万多人无法过河。这时，后面的敌军已紧紧追来，法国士兵们只得跳入萨勒河中，死伤无数。

拿破仑不得不承认莱比锡已经防守不住了，只好下令撤退。最后，他留下马尔蒙率领三个军在美因兹做后卫，自己则返回了巴黎。现在，拿破仑手下所剩的残兵败将加起来不过 10

万人。

1814 年，反法同盟再次向拿破仑开出了停战条件，要求法国的领土恢复到 1790 年时的状态，这意味着拿破仑帝国的崩塌。拿破仑视这一停战条件为侮辱，拒绝接受。他不听众人劝阻，非要重新组织军队准备再战。可任凭拿破仑怎样召集，法军仍只有 10 万人，而反法同盟军却有 35 万人！

1 月 29 日，拿破仑带领军队同普鲁士军队在布伦纳城相遇了，将普鲁士军队一顿好打。接下来的一段时间，拿破仑凭借着自己军事才华，以少胜多，连连击败盟军。渐渐地，拿破仑又骄傲起来。然而骄兵必败！

这时，盟军表面上被法军分割成两部分，实际上，是一部分盟军在跟法军缠斗，另一部分盟军却直奔巴黎。为了对付盟军，拿破仑几乎把所有的军队都调到了前线，所以此时的巴黎几乎是座空城，自然轻而易举地被盟军占领了。

失去老巢的拿破仑在盟军的威逼下心不甘情不愿地答应了法国无条件投降，自己无条件退位。本来，他还想着让自己的儿子罗马王继位，但遭到了盟军的拒绝。

1814 年 4 月 11 日，拿破仑被迫与普鲁士国王、奥地利皇帝和俄国沙皇共同签署了《枫丹白露条约》。根据该条约，拿破仑及其家族放弃对法兰西帝国、意大利王国和其他国家的一切主权和统治权；拿破仑终身保留皇帝称号，拿破仑家族成员保留亲王称号；拿破仑皇帝拥有厄尔巴岛的完全主权，并拥有 200

万法郎的年金；拿破仑必须马上前往厄尔巴岛。

几天后，拿破仑所有的金子和有价证券，总价值约 1. 5 亿法郎的个人财产都被查封了，其实就是被强行窃走了，因为这些都是拿破仑 14 年来从自己的薪俸中节省出来的。所有的个人物品也都被拿走了。昨天的拿破仑还是欧洲最富有的皇帝，今天却只能带着几百万法郎的年金流放厄尔巴岛了。

曾经叱咤风云的拿破仑没想到自己的结局会是这样，但他不会就此消沉，而是决定从哪里跌倒就从哪里爬起。

兵败滑铁卢

1814 年 4 月 20 日，拿破仑离开了枫丹白露宫。他依依不舍地向追随过他的卫队告别，场面非常感人。但无论怎样不舍，他还是必须离开。

拿破仑一路南下，很多人都想暗杀他。有一次，他差点被杀害。这使得拿破仑变得格外小心谨慎。

拿破仑在厄尔巴岛上，仍然密切关注着外界的变化：波旁王朝的路易十八终于复辟成功；前妻约瑟芬因肺炎病逝；第二任妻子在拿破仑离开法国后，被遣返奥地利，很快就改嫁了；人民不满波旁王朝的统治，在进行反抗……当他得知反法联盟因分赃不均，在维也纳发生争执时，他觉得这是个好机会，便立即召集几个老部下，组成一支小部队，于 1815 年 3 月悄悄逃出了厄尔巴岛。

拿破仑人气依旧，追随过他的一些官员，再次决定追随他。

于是，他一路势如破竹，很轻松地就杀回了巴黎。此时，他身边已经聚集了一支 14 万人的正规军和一支 20 万人的志愿军。

路易十八一得到消息，立刻逃跑了。就这样，拿破仑轻轻松松地重新登上了皇帝的宝座。

本来还在为分赃不均而争吵的盟国得知消息后，吓得立马又团结起来，组成了第七次反法联军，兵分六路朝拿破仑猛扑过来。

拿破仑也赶紧募集了近 70 万人，人数虽然够了，可是非常缺乏武器、马匹等物资，所以真正能上战场作战的战士不足 12 万人。

拿破仑认为，只要集中兵力解决掉对自己威胁最大的位于比利时的英国和普鲁士的军队，自己就可以渡过难关，至于其他国家的军队，只要派出少量兵力进行牵制就行了。

6 月 15 日，拿破仑率领法军进入比利时境内。在战场上等待着与拿破仑交手的，是英国的威灵顿元帅指挥的 9 万英军和普鲁士的布吕歇尔元帅指挥的 12 万普军。

拿破仑考虑到自己兵力不足，所以同时发兵对付英军和普军是不现实的，只能一个一个去击破。第二天，在林尼附近，拿破仑带领一支法军打败了布吕歇尔率领的普军。与此同时，法军内伊元帅也与威灵顿的英军打了起来，双方互有伤亡。但由于法军主力部队行动迟缓，拿破仑最不愿意看到的情况出现了，布吕歇尔率领的普军与威灵顿手下的英军会合了。这样，拿破仑就不得不与英、普两路军队同时作战。

气氛非常紧张，战争一触即发。法军主力首先遭遇到了普军，成功变被动为主动。6 月 17 日下午，天气突然大变，浓云密布，遮天蔽日。没过多久，雷声滚滚，倾盆大雨从天而降。这时，所有的土路都因为这场大雨变成了泥沼，部队行动起来异常困难。

拿破仑见状，一马当先带领将士冲杀而出。在他的带领下，法军战士斗志昂扬。不久后，法军就与联军相遇在热纳普唯一的一条狭窄街道上，双方进行了激烈的战斗。法军获胜。然而，恶劣的天气阻止了法军追击联军的步伐，让拿破仑没能在胜利后立即向滑铁卢以南的英军发起进攻，白白错失了良机。被拿破仑打败的联军向预设的圣让山阵地逃去，一路上没有受到任何阻拦。法军则一直紧跟其后。

黄昏，法军的先头部队来到拉贝勒阿利昂农庄近旁的山脊上，停下来。拿破仑很想确认威灵顿要在圣让山据守的想法，便下令不断炮击联军阵地。敌人做出的反应让拿破仑放宽了心。然后，他返回凯尤小农庄，将自己的指挥中心设在了这里。

18 日一早，法军元帅格鲁希带来了一份报告：一部分普军已向华费里方向撤退，布吕歇尔率领的主力正向列日方向撤退。

拿破仑综合分析了所有情报，最后断定：普军主力正想集中，企图与威灵顿军会合。上午 10 时，参谋长苏尔特奉命给格鲁希写信："我们从另外的报告中得知还有第三支军队也向华费里方向行动。陛下告诉你，他正准备进攻滑铁卢的英军。陛下希望你也进军到华费里，以便与我们保持接触，并驱逐在你前方的普鲁士军。”

同时，威灵顿也收到消息：布吕歇尔将首先出动由比洛指挥的第四军，向拿破仑的右翼进攻；皮尔希的第二军随后跟进。这条消息坚定了威灵顿在滑铁卢与拿破仑会战的决心。

当天早上，拿破仑到位于达蒙特圣吉恩的阵地视察，并命令部队在距离敌人防御阵地最近的高地摆开了阵势。拿破仑的军队总共有 7 万人，其中包括 1. 5 万骑兵和 246 架大炮。而威灵顿的欧洲联军却只有 6. 5 万人，包括 1. 2 万骑兵和 156 架大炮。双方指挥官都下令全军以主力部队为中心重新集合，准备开战。

突然，天空下起了瓢泼大雨，一时间地面上到处都是积水。拿破仑近卫炮兵中的德鲁奥将军小心翼翼地对他说：“陛下，我们是不是将开战时间往后推 3 小时？现在地面太过泥泞，骑兵和炮兵都很难推进。而且炮弹射出之后很可能陷入泥里，根本不能对敌军造成多大的打击。”

拿破仑想了想，觉得德鲁奥讲得有道理，便同意了这个建议，决定将攻击时间推迟到午后。但事实上，这一决定成了拿破仑在这场战争中失败的原因之一。

时间一点一点地过去，在拿破仑等待进攻的时候，联军也在利用这宝贵的时间积极备战。而且，从当时的情况来看，拿破仑犯了战略上的失误，因为当时若是放弃中央而改为进攻敌军左翼，那么胜算会大增。但是他拒绝了将领们提出的左翼进攻方案，选择了正面强攻。

拿破仑再一次视察了部队。这位身穿灰大衣的皇帝走到哪里，哪里就爆发出阵阵“皇帝万岁”的欢呼声。这是拿破仑一生中最后一次检阅军队，军队的热情也是自奥斯特里茨战役以来从未有过的，给拿破仑和所有在场的人都留下了极为深刻的印象。

接近正午时，拥有战争直觉的拿破仑再也等不下去了，他

命令雷耶对乌古蒙发动声东击西的进攻。如果威灵顿上当，拿破仑在大约1小时后对威灵顿的中路军发动主攻，就会轻松很多。雷耶用手下的80门重型大炮对敌人一通猛攻，命令热罗姆亲王率领自己的军队在第二骑兵师的配合下进攻霍高蒙特别墅南侧的小树林。

法军压根儿没想到用大炮开路，居然愚蠢地派步兵直接进攻。两次冲锋后，部队用最快的速度攻下霍高蒙特南面的一片小树林。按照拿破仑原先的计划，热罗姆的攻击应该到此就结束了。可热罗姆亲王被暂时的胜利冲昏了头脑，他忘记了拿破仑的命令。为了得到霍高蒙特漂亮的别墅，他竟然擅自带领部队一路飞奔前往。结果，攻下霍高蒙特别墅并没有他想象的那么简单，法军的三次冲锋都被打退了。在这种情况下，热罗姆不但没有撤退，反而向军长雷耶请求增援。

热罗姆亲王毕竟是皇帝的亲弟弟，雷耶军长不能对他见死不救，只好抽调了一个旅的兵力去支援，结果为了一栋别墅而派出了1.2万人。就这样，法军投入太多的兵力来攻打别墅，陷入了毫无意义的苦战。战斗断断续续进行了一整天。这对法军来说，代价太大了。最终，这支法军不但没有完成吸引英军的任务，反而让自己陷入了困境。

拿破仑习惯性地拿出望远镜望向敌人，对敌人的后方和两个侧翼进行了观察。通过望远镜，他发现在东北约10公里之外的地方有一片树林，而树林的边上有一片黑压压的东西，拿破仑看了半天不知道那究竟是什么。

他叫来自己身边的大臣，将望远镜递给他们说："诸位看一下，那到底是什么？"

大臣们一一看过之后，都摇头不语。有个大臣试着猜测道："陛下，依臣来看这好像是一支正在向我们接近的部队。"

也有大臣说："陛下，这就是一片树林吧？"

一时间谁都说不清。没过多久，侦察兵来报告说："陛下，我们俘虏了一个骑兵上尉。"侦察兵边说边将一份文件呈递给拿破仑，并说是从被俘的上尉身上搜出来的。这个上尉看事已至此，只好老实交代。他说自己是普鲁士第四军的，但隐瞒了后面还有第一、第二军的事实。

虽然计划没有变化快，但是见惯风雨的拿破仑表现得很有自信，他相信在普鲁士军队赶来增援联军之前，法军一定可以将敌人击败。于是，他写信给格鲁希元帅说："如今，我正在滑铁卢跟联军激战，联军的中心是圣杰安山。现在，请立刻前来加入我们的部队，希望你能去我军队的右侧。因为据我观察，比洛的第四军要来袭击我们的右翼。现在，普军已经在圣南贝特山上了。请立马行动吧，跟我们联合起来将普鲁士军队一网打尽！"

为了防止普鲁士军队行进到滑铁卢，拿破仑还将自己手下的两个骑兵师和第六军派去圣南贝特山。整整 3 个小时后，格鲁希才收到拿破仑给他的信，这时候已经来不及了——他的部队已经被困在了普鲁士军队的包围圈中。格鲁希没有办法来支援了，他在包围圈中看着远处法军和联军打得很胶着，却只能干瞪眼。

拿破仑终于下令用 80 门重炮轰击威灵顿的中路军。法军受命与英军再次展开了长达 3 个小时的激战，双方士兵甚至动用了手中的刺刀。最终，法国军队占据了拉海圣中心地区的有利地形，而联军却仍然死守着其余的大部分地区。

随即，拿破仑下令对英军发起新的进攻，想赶在布吕歇尔的援军赶来之前拔掉威灵顿军这根钉子。这是当天最猛烈的炮击，炮弹炸开以后的碎片在天上到处飞，然后雨点般地落在地上。事后默瑟上尉胆战心惊地说："知道吗？在当时的情况下，即使你只是想伸一伸胳膊，那都是非常危险的，因为一伸胳膊很可能就会被到处乱飞的弹片将胳膊打没。"

在法军凌厉的攻击下，英军的弹药快用完了。虽然他们损失惨重，但仍在坚守。这时，内伊突然发现敌军中央阵地上的守军正在向阵地后面退去，他以为英军开始撤退了，便自作主张，命令骑兵师和部分近卫骑兵约 5000 人发起冲击。

在炮火的掩护下，5000 名法国士兵如潮水般冲上了对方的阵地，俘虏了英军的全部火炮。威灵顿见状，立即聚拢步兵投入战斗。形势立即发生逆转，法军再次被打退，原已成为法军战利品的联军火炮，又在背后响了起来。

这下情况可不妙了，背后的大炮离法国骑兵还不到 100 米的距离，如此近距离的轰击，使得整排整排的法国骑兵被炸得粉身碎骨。为了杀出一条血路，再次占领敌军阵地，内伊的骑兵用尽了所有的办法。法国的骑兵如此拼命，让联军的方阵也遭受到了一定程度的打击。

内伊的骑兵每一分每一秒都有人受伤倒下，可是倔劲上来的内伊却下令将重伤的士兵撤到敌人炮火达不到的地方，然后重新组织队伍。重组队伍以后，内伊带领军队又一次向联军方阵冲了上去。就这样，受伤、重组、再冲，接下来又是受伤、重组、再冲……没人能数清楚内伊带着手下的伤兵残将到底进行了多少次冲锋。

拿破仑觉得内伊这样简直是浪费兵力，因此非常气愤。不过，他没有让内伊撤退的意思，他觉得应该派更多的骑兵中队去增援内伊，于是立刻命令法军骑兵的全部预备队前去增援内伊。

增援赶到后，内伊赶忙重整队伍，再一次向敌军阵地发起了大规模进攻。直到傍晚，内伊率领手下的 9000 名法国骑兵仍不断地向联军的方阵冲杀。在这样一个狭小的战场上，简直就是马挤马、人挤人。此时，联军的骑兵也已经被法国骑兵给杀得差不多了。联军的全部步兵预备队也开始投入战斗。加强了防御能力的联军炮兵在不断地轰击，步兵也充分地发挥了排枪的火力。法军一连五次的大规模冲击都被联军给击退了。

这样一次接一次的攻击谁都受不了，在内伊将要发动第六次攻击的时候，联军在拉海圣的守将开始向威灵顿发出求救信号，然而威灵顿此时手里也没有兵可供调用。

这一次，内伊仿佛醒悟过来了。他一改前几次直白的攻击方式，开始发动协同进攻，结果法军将盟军打得落花流水。联军的巴林少校带领手下的士兵顽强抵抗，直至弹药用尽，才幸运地使一些士兵免于一死。

终于，法军攻占了拉海圣。由于伤亡过重，内伊虽然想继续冲击，可法军已全然没有了力气。内伊请求拿破仑再给他一些兵力，好去追击敌人。面对他的请求，拿破仑狠狠地说："军队？我去哪里找军队？难道你要我用泥巴捏出来吗？"

拿破仑手中确实没有兵了，他只有 8 个营的老年近卫军和 6 个营的中年近卫军。现在，他也不得不将这仅有的一点预备队全部投入战斗，因为法军的右翼正面临着普军的严重威胁，而且他也不能肯定格鲁希军能否赶到。由于得不到增援，攻上英军阵地的法军又被赶了下来。

就在这千钧一发之际，打击再次袭来。普鲁士元帅率领 3 万士兵，如同潮水一般，赶到了法军右翼。几经激战之后，普军占领了距离拿破仑指挥所只有 1000 多米的南普西特村。

拿破仑希望在布吕歇尔军后面看到格鲁希的部队，可格鲁希军始终未见踪影。拿破仑立即命令一个营的老年近卫军和一个营的中年近卫军投入战斗。经过一番残酷的白刃格斗，他们终于收复了南普西特村，然后把它交给青年近卫军去防守。

稳定了右翼阵势之后，拿破仑又把精力集中到正面攻击上来。他清楚地知道，眼前的联军已经筋疲力尽，谁胜谁负，就在这最后一击了。他把剩下的 8 个近卫军营全部交给内伊指挥，要求他进行最后一次冲击。待内伊准备就绪，刚准备发起总进攻时，法军一名军官叛逃投敌了。此人将法军的兵力情况和作战计划和盘托出，威灵顿立即重新部署兵力，以对付即将到来的进攻。

不管怎样，现在的战事就如同在弦上的箭一样不得不发。最后一次冲击开始了，战场上的景象颇为壮观：法军约有 4000 名近卫军士兵紧密地组成一个整齐的方阵，这些人与内伊的部队联合在一起，以最为猛烈的炮火作掩护，向敌人阵地冲击。他们一边前进，还一边高呼“皇帝万岁”。

虽然内伊不善于动脑子，但还算勇猛。在进攻途中，内伊的第四匹战马再次被炮弹击中毙命，他摔在了地上。但他马上又爬起来，继续带领部队冲锋。在内伊的带领下，法军很快就冲破敌军的防御体系，到达英军山顶上的阵地。

胜利就在眼前了，这时，不知从哪里传来了威灵顿的声音：“近卫军，起立，准备战斗！”山后立刻冒出了大约两个营的英国近卫军。英军士兵快速冲到离法军只有五六十步的地方停住，一起向毫无准备的法军发起了猛烈的袭击。

法军仓促应战，士兵们很快便一排排地倒下。见到伤亡如此惨重，内伊别无他法，只得撤退。法军撤退，英军却开始向阵地收拢。得到支援的普军如潮水般攻向法军右翼，法军一片混乱。

威灵顿等待的就是这个时机，他骑上高头大马，策马扬鞭跑到蒙圣让山顶，摘下帽子挥了三下——这是事先预定的全面进军的信号，大声喊道："是时候了，我的孩子们！"顿时，4万联军像下山的猛虎一般，冲向山下。法军一片狼藉，夺路而逃。从战场上败退下来的拿破仑，泪流满面，扭曲的面孔上满是痛苦和绝望。

滑铁卢之战成就了威灵顿的名声，却使拿破仑的王朝彻底垮台了。

6月21日，拿破仑刚回到巴黎，就被背叛他的两院逼着退位。第二天，拿破仑正式宣布退位，由其子罗马王继位。拿破仑退位后，被英国流放到圣赫勒拿岛。

晚景凄凉

与厄尔巴岛不同的是，圣赫勒拿岛在非常遥远的地方，拿破仑完全不可能从这里逃出去，而且现在的他已经完全失去了信念，决定就这样落魄地度过自己的晚年。拿破仑居住在龙坞德庄园，从此把心思放在自己的回忆录上面——由他口述，拉斯加斯伯爵记录并整理。

鉴于他有逃跑的前科，英国人对他看管得非常严。拿破仑除了能在龙坞德庄园周围活动外，在其他地方活动都会受到监控。以防万一，英国方面还在圣赫勒拿岛上的每个可以登陆的地点都设置了哨兵，甚至类似于登陆的地点也都设有哨兵。

在英国人的眼中，拿破仑实在是个危险人物。为了做到万无一失，除了岛上戒备森严以外，在圣赫勒拿海岛附近的海域上，英国另外安排了两艘战舰不间断地巡逻。不管什么船，只要是外国船只，一律驱离。如果因为遭遇了重大的海难，必须要停泊在此地的话，船员也不能登岸。

受到拿破仑的牵连，岛上原本的士兵和居民还受到了英国总督的约法三章："居民们要随时警惕，防止任何人帮助或者鼓动拿破仑及其随从逃跑的事情发生；没有总督或者海军少将的许可证，任何人不得同拿破仑及其随从接触。违反者一律驱逐出境，并根据犯罪的程度来判决。"

拿破仑很不适应这样的生活，想当初，他可是一个驰骋疆场、不可一世的皇帝，现在却被囚禁在这样一个荒岛上。因此，他心情很不好，还经常把自己关在房间里，歇斯底里地大喊："我被关在了鸟笼里，我要控诉。这个海岛如此阴森恐怖，简直是人间地狱。"

以后6年时间里，拿破仑在身体还好的时候，曾多次提出抗议。但是英国方面根本不理会他，认为他只要在那里出不来就行。这位欧洲曾经的主宰、军事天才，就这样被人遗忘在岛上，等待着死亡的降临。

为了打发无聊的时间，拿破仑开始与岛上的园丁们一起工作，他还花了大量的时间读书。除此之外，他也会与周围能说得上话的人讲述自己曾经的光辉历史。

后来，拿破仑的身体越来越不行了。1820年末，拿破仑的病情日渐严重，精神也变差了。他现在不像刚来岛上的时候那样了，有时一连几天都不会说一句话。有人说，他已经适应了岛上的生活。

拿破仑胃部的旧疾复发，疼痛越来越剧烈，让他难以忍受。1821年1月，拿破仑试图用做体操来控制疾病，这时他才发现自己早已没有了做体操的力气。3月，拿破仑胃部的疼痛越来越频繁，他发高烧、呕吐，胃部及肩部的疼痛使他苦不堪言。

仿佛知道自己活不久了似的，拿破仑对随从说："在过去那些辉煌的日子里，我是法国的皇帝拿破仑。而现在，我不仅没有了自由，就连我的体力和智力都一一离开了我。这样的我不是拿破仑，我现在活着也没有什么意义了！"

后来，他干脆拒绝接受英国医生的诊断和药物，他大声训斥着："你们英国人不是一直想得到我的尸体吗？现在你们可以如愿了。"

一个月后，拿破仑开始为自己的后事做准备——他开始口述自己的遗嘱。尽管病痛不停地折磨他，但对于自己的遗嘱，他还是进行了反复的推敲。拿破仑到现在还认为自己是一位皇帝，他觉得自己的遗嘱应该是一份政治文件。

拿破仑把自己的财产分成了两份，一份给1792年到1815年间曾跟随自己南征北战的那些军官，另一份给因为自己的过错而在1814年和1815年遭受敌人入侵的法国各省市。

疼痛越来越厉害了，拿破仑强忍着难受，又亲自将那份遗嘱重新抄了一遍。

5月5日，拿破仑离开了人世。

4天以后，岛上的居民为他举行了隆重的葬礼。他的遗体被安放进四层相套的棺材里，然后在礼炮声中安葬在岛上的托贝特山泉旁。

19 年后，拿破仑的遗骨被接回法国巴黎，以一个老兵的身份，隆重地安葬在了塞纳河岸边的荣誉军人院，这也是他最后的愿望。

纵观拿破仑的一生，他几乎都在战争中度过。没有人能简单地对他的一生做出评价，只能说他做了他喜欢做的事情。